Get Smart!

겟 스마트

초판 발행 2017년 11월 25일
5쇄 인쇄 2018년 4월 2일

지은이 브라이언 트레이시
옮긴이 허선영

펴낸이 이성용

펴낸곳 빈티지하우스
기 획 프로작 **마케팅** 장태수
주 소 서울시 마포구 양화로 11길 46 212호 (서교동, 남성빌딩)
전 화 02)355-2696 **팩 스** 02)6442-2696
이메일 editor.lee.vh@gmail.com
등 록 제 2017-000161호 (2017년 6월 15일)

ISBN 979-11-961326-4-4 13320

- 이 책 내용의 전부 또는 일부를 사용하려면 반드시 저작권자와 빈티지하우스의 서면동의를 받아야 합니다.
- 빈티지하우스는 독자 여러분의 투고를 기다리고 있습니다.
  책으로 펴내고 싶은 원고나 제안을 이메일(editor.lee.vh@gmail.com)으로 보내주세요.
- 파손된 책은 구입하신 서점에서 교환해 드리며 책값은 뒤표지에 있습니다.

GET SMART

겟 스마트

생각하고 행동하는 최단거리형 노력의 힘

브라이언 트레이시 지음 | 허선영 옮김

빈티지하우스
VINTAGE HOUSE

왜 똑같은 노력을 해도 다른 결과가 나올까

영화 속 히어로가 부러웠다. 그들의 노력은, 언제나 성공으로 끝나니까. 나의 노력은 달랐다. 나 역시 그들처럼 수많은 역경을 겪었지만, 내겐 언제나 실패가 더 익숙했다. 처음엔 경험이라 생각했다. 남들도 한 번쯤은 실패하니까. 하지만 그것이 연속되자 의심이, 아니 확신이 들었다. "세상엔 아무리 노력해도 안 되는 게 있다." 억울했다. 성장의 과정이라 치부하기엔 내 청춘이 너무나 아까웠다. "차라리 열심히 살지 말걸, 그냥 즐기며 살걸. 그러면 적어도, 적어도 이렇게까지 비참하지는 않았을 텐데."

이건 이 글을 쓰고 있는 나의 이야기이자 당신이 이야기, 그리고 열정에 기름붓기가 가장 돕고 싶은 사람들의 이야기다. 왜 누군가의 노력은 빛을 발하고 누군가의 노력은 좌절과 후회로 끝날까. 모든 노력이 빛을 발할 수 있는 방법은 무엇일까.

우린 그 문제를 해결하기 위해 1년의 시간을 바쳤다. 최고의 저자와 책을 찾는 데 6개월이 걸렸고, 수백 권의 책을 참고한 끝에야 편집을 완료할 수 있었다. 목차와 제목을 수도 없이 갈아엎는 등 많은 시간 주저앉고 싶었지만, 포기할 순 없었다. 히어로가 아닌 평범한 사람도 원하는 것을 이룰 수 있다는 사실을 보여주고 싶었다.

그리고 지금, 그 목표는 이렇게 완성되었다. 《겟 스마트》 노력에 배신당한 사람들을 위한 이야기. 최고의 동기부여 전문가 브라이언 트레이시. 우리는 그와 함께 올바른 노력을 위한 10가지의 생각법을 제시하려 한다. 노력이 결과만으로 평가당하는 현실 속에서 이 책은 당신에게 방향이 되어줄 것이다. 당신의 모든 노력이 빛을 발할 수 있는 방향.

그 내용들을 읽는 내내 지난날의 상처가 쓰라려 불편할지도 모른다. 하지만 장담할 수 있다. 당신의 설익었던 노력에도 확실한 계획과 절차, 그리고 마감과 결과가 생길 것이다. 당신의 오늘은 바뀔 거고, 가슴에 잃어버린 불씨는 다시 타오를 거다. 그러니, 바란다. 우리 다시 한 번 노력을 믿어보자. 다시 한 번 접었던 그 꿈을 꿔보자.

노력은 부족하지 않았다. 다만 낭비되었을 뿐이다.

누구보다 열심히 노력했음에도 실패한 사람들을 위해

열정에 기름붓기가

미래를 계획하지 않는 사람은
미래를 가질 수 없다

우선, 이 책의 한국어판 서문을 쓸 수 있다는 것에 큰 자부심과 기쁨을 느낀다. 한국은 내게 좋은 추억으로 남아 있다. 강연을 위해 몇 차례 한국을 방문했는데, 그 때마다 내 책을 사랑하는 수많은 한국인들이 보내준 열정을 아직 기억한다.

나는 이 책을 통해 똑같이 열심히 노력하지만 잘못된 방법으로 고군분투하는 사람들에게 질문 하나를 던지고 싶었다.

"당신에게 가장 중요하고 가치 있는 일은 무엇인가?"

단연코 '생각'이다! 탁월한 생각은 당신이 얻을 결과의 질과 삶의 질을 결정한다.

한국인들은 한국전쟁 이후 잿더미만 남은 나라를 세계에서 가장 현대적이고 부유한 나라로 만들었다. 이 기적과도 같은 일은 한국인들의 '생각의 질'이 높았기 때문에 가능한 일이었다.

여러분은 이 책을 통해 기원전 350년경의 아리스토텔레스 시대까지 거슬러 올라가 현인들의 지혜와 경험을 배우고, 전 세계적으로 성공한 사람들이 실천한 10가지 다양한 생각 도구를 배울 것이다. 또한 사람들을 망설이게 만들고 실패하게 만드는 사고방식도 배울 것이다.

미래를 계획하지 않는 사람은 미래를 가질 수 없다. 계획을 세우는 데 실패하면 실패를 계획하는 것과 마찬가지다.

이 책에서 여러분은 성공한 사람들이 어떻게 생각하는지, 성공한 사람들이 어떻게 행동하는지, 그리고 행복한 사람들은 어떻게 생각하는지를 배울 수 있을 것이다.

나의 새 책이 한국에서 출간될 수 있도록 많은 사랑을 주신 한국 독자들에게 다시 한 번 감사드린다. 전 세계 사람들이 이미 이 책을 읽고 성공의 길에 들어섰다. 한국 독자들도 이 책을 읽고 한 번 더 기적을 만들기를 기원한다.

안부를 전하며
캘리포니아주 솔라나비치에서
브라이언 트레이시

차 례

내 안의 탁월함을 깨우는 법

우리와 우리의 생각에는 엄청난 힘이 있다. 우리 뇌에는 1,000억 개의 뇌세포가 있고, 각각의 뇌세포는 2만 개가 넘는 다른 세포들과 연결되어 있다. 우리가 생각할 수 있는 총 사고를 헤아리면 1,000억의 2만 제곱 개에 달한다. 이는 우주에 존재한다고 알려진 분자의 수보다 많은 것이다.

그렇다면 다음 질문으로 자연스럽게 이어진다.

"당신은 이 엄청난 슈퍼컴퓨터를 어떻게 사용하고 있는가?"

당신에게는 지금 당장 어떤 목표든 설정해서 원했던 모든 것올 성취할 정신적 능력이 있다. 더 정확하게 생각하고 계획하고 창조하도록 뇌의 능력을 키우면 당신은 어떤 문제도 풀 수 있고 어떤 장애도 극복할 수 있으며 스스로 세운 어떤 목표든 성취할 수 있다.

당신의 머릿속 슈퍼컴퓨터가 가진 힘은 실로 어마어마해서 삶을 100번 산다고 해도 그 잠재력을 다 쓰지 못할 것이다.

보통 사람은 자신의 정신적 능력을 10%밖에 사용하지 못한다는 이야기를 들어본 적 있을 것이다. 나는 나중에야 정확한 수치가 약 2% 정도라는 말을 들었다. 대부분의 사람에게는 엄청난 정신적 능력이 비축되어 있지만, 어떤 이유에서인지 제대로 사용하지도 않고 차곡차곡 쌓아만 두고 있다.

당신이 100만 달러가 들어 있는 은행 계좌를 물려받았는데, 정기적으로 이자가 붙어 돈이 점점 늘어난다고 상상해보라. 하지만 당신은 이 금액 중 2만 달러밖에 이용하지 못한다. 나머지 돈을 인출하는 데 필요한 정보를 모르기 때문이다. 나머지 돈도 당신 것이지만, 돈이 들어 있는 계좌 번호를 모르니 손에 넣을 수가 없다.

보통 사람들의 상황이 이렇다. 정신적 능력의 비축량은 엄청나지만, 늘 제대로 사용하지 못한다.

이 책은 타고난 사고 능력과 재능을 당신이 점점 더 많이 이용할 수 있도록 간단하고 실용적이며 과학적으로 입증된 방법들을 알려줄 것이다. 당신은 자신을 뛰어넘거나 다른 사람처럼 될 필요가 없다. 그저 이미 지니고 있는 정신적 힘을 더 많이 풀어놓기만 하면 된다.

마지막 숫자

인생은 번호 자물쇠와 같다. 맞춰야 할 숫자가 조금 더 많을 뿐이다. 모든 자물쇠의 작동법은 동일하다. 첫 번째 숫자를 돌리고, 두 번째 숫자를 돌린다. 그리고 마지막 숫자를 돌리면 끝이다. 당신이 올바른 번호를 알고 있다면 자전거 자물쇠든 은행의 대형 금고 자물쇠든 결국 열린다.

인생의 자물쇠 번호를 하나씩 풀 때마다 우리는 성공에 한 걸음 다가선다. 그런데 우리 대부분은 마지막 숫자 하나를 몰라서 어마어마한 성공의 직전에서 맴돈다.

마지막 숫자를 맞추면 금고 문이 활짝 열리고 가장 위대한 삶을 성취할 수 있다. 그리고 이 책은 당신의 삶을 비약적으로 발전시킬 생각 도구 중에서 지금껏 발견된 최상의 조합들을 담았다.

당신을 억누르는 것은 당신이 사물을 보는 특정한 방식, 즉 관점의 문제다. 펜실베이니아대학교의 마틴 셀리그만 박사는 이를 '설명 양식'이라 부른다. 다시 말해, 스스로 상황을 해석하는 방식이다.

설명 양식은 유리잔의 물을 반이나 남았다고 말하는 낙관주의와 반이나 비었다고 말하는 비관주의, 이 둘의 차이처럼 간단하다. 낙관주의자는 모든 상황에서 좋은 점과 얻을 수 있는 것을 찾지만 비관주의자는 똑같은 상황에서 문제점이나 불리한 면만 찾는다.

'무엇을 알고 있는가'가 아니라 '무엇을 잘못 알고 있는가'가 문제다. 모르는 게 약은 아니다. 특정한 영역이나 상황에서 적절한 생각의 도구와 양식을 사용하지 못하면 재앙이 될 수 있고, 종종 감당하기 버거운 실패를 불러오기도 한다.

관점을 바꿈으로써 상황을 다르게 보고 다른 결정을 내려 다른 결과를 얻는 경우가 아주 많다. "모든 문제와 어려움 안에는 그 이상의 이익과 혜택의 씨앗이 숨어 있다." 성공에 관한 고전 《놓치고 싶지 않은 나의 꿈 나의 인생》의 저자 나폴레온 힐의 말이다. 나폴레온 힐은 자수성가한 백만장자 500명을 인터뷰하면서 그들이 가진 공통적인 자질을 발견했다.

그들은 좌절과 역경 속에서도 항상 소중한 교훈을 찾는 습관이 있었고, 결국 교훈을 찾아냈다. 그들은 실패와 역경을 통해 얻은 교훈을 획기적인 제품과 서비스를 개발하는 데 적용했고, 경제적, 사회적 성공을 성취했다. 일시적인 실패와 그 안에 숨은 교훈이 없었다면 그들은 여전히 그저 먹고살기 위해 일했을 것이다.

당신의 생각을 우리 사회에서 가장 긍정적이고 성공한 사람들의 생각으로 바꾸는 간단한 방법이 여기 있다. 오늘 당신 삶에 놓인 가장 큰 문제를 생각하라. 이제 이 문제를 당신에게 뭔가를 가르쳐주기 위해 누군가가 보낸 선물이라고 상상하라. 그리고 자신에게 물어라. "앞으로 더 행복해지고 더 성공하려면 이 상황에서 내가 배울 수 있는 교훈이 뭘까?" 그러면 오늘 당신의 가장 큰 고민이었던 문제는 전혀 문제가 아니게 된다. 아마 기회일지도 모른다. 헨리 포드가 말했듯 "실패란 더 현명하게 다시 시작할 기회다."

당신의 믿음이 곧 당신이 된다

시각장애인인 여섯 현자가 서로에게 자신이 관찰한 코끼리를 설명하는 이야기를 들어봤을 것이다. 그들은 각자의 관점에서는 옳았지만, 모두 여러 면에서 틀렸다. 코끼리라는 상황을 전체적으로 보지 못했기 때문이다.

자신과 세상을 대하는 당신의 관점과 태도는 무엇인가? 우리는 세상을 있는 그대로 보지 않고, 우리 생각대로 본다. 인류 역사상 가장 위대한 발견은 '인간은 (대체로) 자신이 생각하는 대로 된다'일 것이다. 긍정적이든 부정적이든, 도움이 되든 해가 되든, 당신의 믿음은 당신이 하는 모든 일과 그 방식을 결정한다.

당신은 '무엇을' 생각하는가?

그리고 그것을 '어떻게' 생각하는가?

당신은 보이는 대로 믿는 것이 아니라, 이미 믿고 있는 대로 본다. 당신 삶에 놓인 모든 것은 당신이라는 사람이 스스로 끌어당긴 것이다. 당신은 스스로의 생각을 바꿀 수 있으므로 삶을 바꿀 수 있고, 당신이라는 사람을 바꿀 수 있다.

성공한 사람들에게는 그들만의 코드가 있다. 당신이 그들의 다양한 사고방식을 배우고 적용한다면 당신의 내면도 바꿀 수 있다. '안에 있는 대로 밖으로 표현된다'는 상응의 법칙에 따르면, 외면의 삶은 내면의 삶을 비추거나 반영하며 서로 상응한다.

내면의 삶이 바뀌면 외면의 삶도 새로운 생각을 반영하면서 바뀐다. 이제 가장 성공한 사람들처럼 원하는 결과를 얻고 그 보

상을 즐기기 위해, 가장 성공하고 행복한 사람들이 생각하는 방
식을 배워 그대로 따라 해보자.

원래 좋고 나쁜 것은 다 생각하기 나름이다.

우리 세대의 가장 큰 혁신은

내면의 마음가짐만 바꿔도

삶의 외적인 면을 바꿀 수 있다는

깨달음이다.

Get Smart!

01

◎

미래부터 결정하라
오늘은 그 다음이다

사람들은 주변 환경을 개선하는 데는 열심이지만 자신을 개선하려고는 하지 않는다. 그래서 제자리에 머물러 있다. 자신을 채찍질하며 개선하는 사람은 간절히 원하는 목표를 반드시 성취할 수 있다. 이는 어디에서나 통하는 굳건한 진리다. 부를 얻는 것이 유일한 목표인 사람도 목표를 성취하기까지 엄청난 희생을 감내할 준비가 되어야 하는데, 하물며 견고하고 균형 잡힌 삶을 이루고픈 사람이라면 더욱 그렇지 않겠는가?

_제임스 앨런

생각을 잘할수록 더 좋은 결과를 얻고 모든 분야에서 더 큰 성공을 거둔다. 생각의 질을 측정하는 가장 중요하고도 유일한 척도는 당신이 얻은 결과, 즉 당신이 내린 결정대로 한 행동의 결과물이다.

경제학자 밀턴 프리드먼은 "좋은 생각의 기준은 당신의 아이디어와 그 후에 당신이 취한 행동들이 어떤 결과를 불러올지를 정확히 예측할 수 있느냐이다"라고 말했다. 그의 요점은, 현실에 적용했을 때 실제 결과와 동떨어진 경제 이론은 명백히 틀린 이론이라는 것이다.

결과가 전부다! 따라서 이것만 물으면 된다.

“내 생각이 효과가 있었는가, 없었는가?”

어떤 사람들은 결과의 중요성을 간과한다. 가장 중요한 것은 자신의 의도지 결과가 아니라고 생각한다. 이런 생각이 오늘날 우리 사회가 혼란에 빠진 핵심 원인이다. 그들은 말한다. “내가 좋은 결과를 불러올 의도로 생각하고 결정하고 행동했다면, 결과가 좋지 못하더라도 나를 비난해서는 안 된다.”

자신의 결정과 행동의 결과를 정확히 예상하고 예측하는 능력이야말로 지능의 진정한 척도다.

지능이란 무엇인가?

지능은 IQ도, 학교 점수도, 공부한 햇수의 문제도 아니다. 지능은 '행동방식'이다. 다시 말해, 지능적으로 행동하면 똑똑하다는 뜻이다. 당신이 어리석게 행동한다면, IQ 테스트 점수나 학력에 관계없이 당신은 어리석다.

그렇다면 지능적인 행동이란 무엇인가? 대답은 간단하다. 바로 당신이 정말로 원하는 것에 더 가까이 다가가도록 만드는 행동이다. 어리석은 행동은 원하는 것에 가까이 다가가지 못하게 하거나, 심지어 더 멀어지게 한다.

당신이 원하는 것과 원치 않는 것을 결정할 때, 똑똑한 행동이나 어리석은 행동을 직접 드러낸다.

행동이 전부다

어떤 사람이 무엇을 원하고 생각하고 느끼고 믿는지 또는 무엇에 전념하는지를 어떻게 알 수 있을까? 간단하다. 그 사람의 행동을 보면 된다.

중요한 것은 사람들이 말하고 바라고 희망하거나 의도한 것이 아니다. 그들이 무엇을 하는지, 특히 유혹에 맞닥뜨릴 때나 스트레스를 받을 때 무엇을 하는지가 중요하다.

어떤 사람이 말한다. "내 일과 인생에서 성공하고 싶어." 그는 실제로 그렇게 생각한다. 하지만 그의 행동을 관찰하면, 출근 시간에 아슬아슬하게 직장에 도착하고, 퇴근 시간이 되자마자 자리에서 일어나 제일 좋아하는 TV 프로그램을 놓치지 않으려고 서둘러 집에 간다.

행동을 바탕으로 볼 때 그의 목표는 직장에서 성공하는 것이 아니라 TV를 보는 것이다. 어떻게 알 수 있을까? 바로 그것이 그가 퇴근 후 밤마다 하는 일이기 때문이다.

효과가 있었는가?

당신의 결정과 행동의 유일하고 진정한 척도는 '효과가 있었는가?'이다. 당신의 생각을 바탕으로 한 행동이 당신이 원하거나 당신에게 중요한 것에 가까이 다가가게 했는가?

개인의 삶뿐만 아니라 세상 모든 문제에서 사람들을 항상 실수하게 하는 두 가지 법칙이 있다. '의도치 않은 결과의 법칙'과 '기대에 어긋나는 결과의 법칙'이다.

경제학자 헨리 해즐릿은 자신의 걸작《경제학의 교훈》에서 인간은 원래 이기적이라고 말했다. 그러므로 모든 행동은 어떤 면에서 자신의 상태를 개선하려는 시도라 할 수 있다. 사람들은 항상 원하는 것을 얻는 가장 빠르고 쉬운 방법을 찾기 때문에 그에 따르는 부수적인 결과는 거의 고려하지 않는다.

해즐릿은 '모든 행동의 바람직한 결과는 항상 어떤 면에서의 상태 개선'이라고 했다. 그 개선이 목표로 삼는 1차 결과고, 1차 결과는 항상 긍정적이다. 그러므로 모든 행동은 어떤 종류의 개선에 초점을 맞춘다.

하지만 가장 중요한 것은 어떤 일이 일어난 후나 그 후에 일어나는 2차적, 3차적 결과다. '의도치 않은 결과의 법칙'은 어떤 행동이 단기적으로는 즉각적이고 긍정적인 결과를 불러오지만, 장기적으로는 꽤 부정적인 결과를 초래하는 것을 말한다.

예를 들어, 어떤 청년이 학교를 그만두고 취직해서 돈을 번다고 가정하자. 차를 사고, 사람들과 어울리고, 데이트를 하며 삶을 즐기기 위해서다. 이는 모든 사람들이 즐기고 싶은 삶이고, 긍정적이고 즉각적인 목표다.

그러나 부족한 교육의 결과 그는 평생 박봉에 시달리고, 신분 상승의 기회도 거의 없으며, 자신의 잠재력에 도달하지 못할 가능성이 높다.

'기대에 어긋나는 결과의 법칙'은 분명히 긍정적인 행동을 했는데도 아무것도 하지 않았을 때보다 상황이 더 나빠지는 경우다. 예를 들어, 돈이 필요한 사람에게 돈을 주면 단기적으로는 그들에게 즉각적인 이익이 발생한다.

이때 기대에 어긋나는 결과란 돈을 받은 사람이 '공짜 돈'에 중독되어 직장을 그만두고 지원금에 의존하며 긍지와 자부심, 자존감을 잃을 수 있다는 것이다. 결국, 그 사람은 아무 조치를 하지 않았을 때보다 더 나쁜 상황에 놓인다.

가난한 사람에게 돈을 주는 사회보장 프로그램의 목적은 그들의 삶의 질을 향상하는 것이다. 하지만 기대에 어긋나는 결과를 맞이하면 평생 의존적이 되어 잠재력을 펼치지 못할 것이다.

성공한 사람들의 공통분모

움직일 말이 많고, 경우의 수가 많은 체스에서 승리하려면 상대방의 말이 어디로 움직일지 정확히 예상하고 예측하는 능력이 필요하다.

삶에서도 당신의 성공은 '판을 읽어' 궁극적인 성공이나 승리(당신이 그것을 무엇이라 부르든)로 이끄는 결정적인 수를 둘 수 있는지에 달려 있다.

에드워드 밴필드 하버드대학교 교수는 미국을 비롯한 여러 나라의 사회적, 경제적 신분 변화에 대해 50여 년간 연구했다. 그가 조사한 바에 따르면, 낮은 사회·경제적 계층의 개인과 가족이 세대가 거듭될수록 높은 사회·경제적 계층으로 이동하는 경우도 있었고, 한 세대 만에 노동자 계층에서 부자가 되는 경우도 종종 발견되었다. 밴필드 교수는 이 점이 가장 궁금했을 것이다. "왜 이런 일은 소수에게만 일어나고, 다른 사람에게는 일어나지 않는가?"

2015년 현재 미국에서만 백만장자는 1,000만 명이 넘고, 그들 대부분은 자수성가했다. 다시 말해, 그들은 빈손으로 시작해서 자기 세대에 100만 달러라는 소득을 달성했다. 게다가 〈포브스〉의 2015년 발표에 따르면 억만장자는 1,826명에 이르고, 그해에 억만장자 반열에 오른 사람이 290명이라 한다. 이 억만장자의 66%가 자수성가한 1세대들이다. 그들은 빈손으로 시작했고 자기 세대에서 그 모든 것을 이뤘다.

밴필드는 세계적으로 성공한 사람들의 공통분모를 알고 싶었다. 그는 《천국 같지 않은 도시》에서 자신이 발견한 내용을 요약했는데, 이후 그 책은 논란의 중심에 섰다. 많은 사람이 가난에 시달리는 사람들, 사회보장연금 대상자들을 무고한 희생자라고 생각한다. 그들에게 일어난 일은 스스로 선택하거나 통제할 수 없는 것이라는 믿음 때문이다. 밴필드는 그 믿음에 반기를 들었다.

밴필드의 결론은 간단했고 대체로 반박할 수 없었다. 그는 개인의 경제적 성공이나 실패를 진단할 때 '시간 전망'이 압도적으로 중요한 요소라고 결론지었다.

밴필드는 사회·경제적 성취 수준에 따라 최하층부터 최상층까지 일곱 계층으로 나누어 각 계층을 분석했다. 그 결과 사회·경제적 성취의 수준이 높은 사람일수록 전망하는 기간을 길게 가지고 갔다는 사실을 발견했다. 출신지, 교육 수준, 현재 상황과 관계없이 오직 '시간 전망'만이 차이를 만드는 일관된 요소였던 것이다.

시간 전망

가장 낮은 최하층의 시간 전망은 몇 시간이나 몇 분에 불과했다. 예를 들어, 심각한 알코올 중독자나 약물 중독자들의 경우 다음 한 잔이나 다음 약만을 생각했다.

가장 높은 계층인 최상층은 2세대나 3세대 부자들로, 매우 미래지향적인 것으로 드러났다. 그들의 시간 전망은 몇 년이나 몇십 년, 심지어 다음 세대까지 앞서갔다. 그들은 대부분의 시간을 미래를 생각하는 데 투자했다.

피터 드러커는 리더, 특히 CEO의 역할은 미래를 생각하는 것으로, 다른 누구도 그 책임을 대신할 수 없다고 했다.

당신의 미래 또한 당신의 책임이다.

모든 사회에서 최고인 사람들은 매일 결정을 내릴 때 몇 년, 심지어 몇십 년 앞을 내다봤다. 그들은 중요하거나 돌이킬 수 없는 결정을 내리기 전에 앞으로 무슨 일이 일어날지 신중하게 생각했다.

여기에 위대한 발견이 있다. 멀리 내다보는 바로 그 행동이 당신의 전망을 선명하게 만들어 단기 의사결정의 질을 현저히 개선한다는 사실이다.

'당신이 생각하는 대로 되기' 때문에 장기적으로 생각하는 바로 그 행동이 현재 당신이 생각하는 방식을 바꾸고, 미래에 더 큰 성공을 거둘 가능성을 높인다.

미래 의도

1994년 게리 하멜과 C. K. 프라할라드는《시대를 앞서는 미래 경쟁전략》이라는 경영전략에 관한 획기적인 책을 집필했다. 그들은 이 책에서 '미래 의도'라는 개념을 널리 알렸다. 그 책에는 이런 말이 있다. "미래에 당신이 어디에 있고 싶은지 그 목표가 분명할수록 현재 올바른 결정을 더 쉽게 내릴 수 있다."

그들의 가장 인기 있었던 아이디어는 만약 당신의 목표가 업계에서 선두가 되는 것이라면, 앞으로 5년을 내다보고 자신에게 이렇게 물어야 한다는 것이었다. "최고의 회사가 되기 위해 앞으로 5년간 우리는 어떤 기술과 능력과 경쟁력을 갖춰야 할까?"

당신에게 분명한 미래 의도와 지향점이 있을 때, 당신은 더 분명하게 생각하고, 장기 목표를 성취할 수 있게 해줄 결정을 오늘 더 쉽게 내릴 수 있다.

장기 관점에서 가장 중요한 단어는 '희생'이다.

성공한 사람들은 현재의 즉각적 만족을 기꺼이 미루어 미래에 더 큰 보상을 누린다. '장기 이익을 위해 단기 고통을 참아내는' 의지와 훈련이 없다면 당신이 성공할 확률도 거의 없다.

장기 전망

미국을 비롯한 여러 나라가 경제학자들이 '다가오는 은퇴 위기'라 부르는 현상에 직면했다. 미국에서만 매일 만 명에 이르는 베이비붐 세대가 정년을 맞고 있다.

〈뉴욕타임스〉에 따르면 정년이 된 부부의 평균 저축액은 10만 4,000달러밖에 되지 않는다고 한다. 이 돈으로 은퇴 후 15년에서 20년을 버텨야 한다. 권장 인출 비율 4%로 돈을 인출할 때, 보통의 경우 평생 1년에 4,160달러, 즉 한 달에 346달러와 사회보장 연금으로 살아야 하는 것이다.

게다가 10만 4,000달러는 누적 저축액의 평균 수치다. 은퇴자의 50%는 그보다 저축액이 많겠지만, 나머지 50%는 그 아래다. 저축한 돈이 전혀 없는 은퇴자도 있다. 어떻게 인류 역사상 가장 부유한 나라에서 이런 일이 일어나게 되었을까?

대답은 명백하다. 시간 전망이 없기 때문이다. 수백만 명의 사람들이 번 돈을 모조리 써버리거나 번 돈보다 더 많이 쓰는 습관이 일찍 몸에 배서 평생토록 고치지 못한다. 오늘날 무려 70%의 성인이 그달 벌어 그달 먹고산다. 그들에게는 미래를 위한 저축은커녕 남은 돈이 한 푼도 없고, '돈은 바닥났는데 살 날은 너무 많이 남았다'고 불평한다.

그들은 자신의 수입이 낭비벽을 절대 따라잡지 못할 것이라고 믿으며 체념했고, 지금도 그렇게 믿고 있다. 그들은 여전히 번 돈을 모조리 써버리며 살고 있다.

오늘날 많은 백만장자와 갑부들은 평범한 중산층 소득자로, 평범한 동네의 평범한 집에 살고 있다. 그들 대부분이 선생님이나 트럭 운전사 또는 세일즈맨이다. 하지만 그들은 돈을 벌기 시작할 때부터 수입의 10~15%를 저축해왔고, 그래서 지금 부유하고 편안한 생활을 한다.

21세부터 65세까지 매달 100달러를 투자했다면, 80년간 주식시장 평균 성장률인 7~8%로 계산한 저축액은 복리의 기적으로 100만 달러가 넘는다.

따라서 5년이나 10년, 심지어 더 먼 미래를 예견하는 장기 전망을 활용하면 당신이 현재 생각하고 행동하는 방식이 바뀐다.

성취의 단계

《더블 더블》이란 책에서 캐머런 헤럴드는 어떻게 하면 3년 안에 사업 규모를 2배로 늘릴 수 있는지 보여준다. 그의 메시지는 간단하다. 그는 향후 3년을 내다보고 그때까지 지금 벌고 있는 수입의 2배를 벌겠다는 각오를 하라고 충고한다. 이는 복리로 계산하면 1년에 수입이 25% 증가해야 한다는 뜻이다.

다시 현재로 돌아와서, 이 목표를 성취하기 위해 밟아야 할 정확한 단계를 살펴보자. 만약 당신이 수입이나 사업 규모를 매월 2%씩 증가시키면 1년 후 24%가 되고 3년 후면 2배가 될 것이다.

당신이 열심히 일해서 생산성과 업무 성과, 생산량을 일주일에 0.5%씩 증가시키면 한 달에 2%가 되고 1년이면 24%가 되어 3년 후에는 지금 수입의 2배로 돌아올 것이다.

미래로부터 거슬러 생각하기

장기 관점을 발달시키려면 '미래로부터 거슬러 생각하기'를 연습하는 것부터 시작해야 한다. 당신이 마법의 지팡이를 휘둘러 미래 어느 시점의 삶을 완벽하게 만들 수 있다고 상상해보라.

완벽한 삶은 어떤 삶일까? 지금과 어떻게 다를까?

그런 다음 다시 현재로 돌아와 묻는다. "미래 어느 시점에 내 삶을 완벽하게 만들려면 나는 오늘부터 무엇을 시작해야 할까?"

생각을 연습하라. 미래 어느 시점에 당신이 성취할 수 있는 일에는 한계가 없다고 상상하라. 당신의 삶을 가장 중요한 네 가지 영역으로 분석하라.

1. **직업과 일**
2. **가족과 인간관계**
3. **건강과 체력**
4. **경제적 독립**

5년 후 직업, 경력, 수입이 모든 면에서 이상적이라고 상상하라. 얼마를 벌고 있을까? 어떤 종류의 일을 하고 있을까? 직장에서는 어떤 위치에 있을까? 어떤 사람들과 함께 일하고 있을까?

1. 이루고 싶은 직업적 성공

사람들은 1년 안에 할 수 있는 일을 과대평가할 때가 많다. 하지만 5년 안에 해낼 수 있는 일은 과소평가한다. 5년 후 당신의 이상적인 경력과 수입을 분명히 머릿속에 그렸다면, 현재로 돌아와서 지금 당신의 위치에서 미래에 있고 싶은 위치까지 가려면 어떤 단계를 밟아야 하는지 결정하라. 그런 다음 첫 단계를 밟아라.

다행스럽게도 첫 계단은 항상 잘 보인다. 오르기 시작할 때는 모든 계단을 다 볼 필요가 없다. 그냥 첫 계단에 오르면 된다. 첫 번째 계단에 오르면 두 번째 계단이 보일 것이다. 두 번째 계단을 디디면 세 번째가 보일 것이다.

항상 다음 단계는 잘 보이고, 그것이면 충분하다. 하지만 일단 첫걸음을 떼야 한다.

천 리 길도 한 걸음부터 시작한다. 첫걸음이 항상 가장 어려운 법이다. 당신이 지금껏 해왔던 일보다 어려운 일을 더 많이 하려면 엄청난 결단력과 의지가 필요하다. 하지만 일단 첫걸음을 떼면, 두 번째 걸음은 더 수월하다. 그리고 세 번째 걸음을 떼면 된다. 꾸준히 앞으로 나아가다 문득 돌아보면 지난 몇 달간 성취한 일이 지난 몇 년간 이룬 일보다 더 많음을 깨닫게 될 것이다.

2. 이상적인 인간관계

다시 마법의 지팡이를 휘둘러 당신의 가족과 인간관계가 모든 면에서 이상적이라고 상상해보라. 가족들은 어떤 모습인가? 당신은 누구와 함께 있는가? 누구와 함께 있지 않은가? 당신이 기혼자라면 가족과 어떤 가정을 이루고 어떤 생활방식으로 살고 있는가? 어떤 휴가를 떠나고, 어떤 삶을 가족들에게 제공해주고 싶은가?

그런 다음 미래에서 다시 현재로 돌아와 자신에게 묻는다. "미래 어느 시점에 이상적인 삶을 이루려면 오늘부터 무엇을 해야만 할까?"

3. 완벽한 건강 상태

당신의 건강과 체력을 생각해보자. 미래 어떤 시점에 당신이 완벽하게 건강하다면 지금과는 어떻게 다를까? 어떤 몸매를 하고 있을까? 몸무게는 얼마나 나갈까? 어떤 식단으로 식사할까? 어떤 종류의 운동요법을 따르고 있을까? 휴가를 포함해 어떤 종류의 휴식을 취하며 살고 있을까?

그런 다음 현재로 돌아와 묻는다. "미래 어느 시점에 신체적 완벽함을 누리려면 무엇을 해야만 할까?"

이제 첫걸음을 떼라. 뭔가를 하라. 무엇이든 하라. 믿음을 가지고 일단 시작하라.

그러면 항상 첫 단계가 보일 것이다.

4. 경제적 독립

경제적 자유, 경제적 독립의 성취도 마찬가지다. 미래를 내다보고 자신에게 물어라. "미래 어느 시점에 내가 편안하게 지내려면 돈이 얼마나 있어야 할까?"

사업주들을 대상으로 한 세미나에서 나는 '숫자'라는 개념을 가르치는데, '숫자'는 경제적 자유를 다룬 리 아이젠버그의 명저 《두 번째 서른 살》의 원제이기도 하다. 책에서는 "당신의 숫자는 무엇인가?"라고 묻는다. 당신이 평생 일을 하는 동안 벌고 저축하고 투자하고 쌓아두고 싶은 정확한 금액은 얼마인가? 특히 당신이 원하는 생활을 유지하려면 매달 그리고 매년 정확히 얼마가 필요할까?

경제적 독립을 위한 간단한 공식이 있다. 첫째, 수입이 전혀 없다면 현재의 생활방식을 유지하는 데 한 달에 얼마가 들지를 계산해라. 성인의 70% 이상이 매달 먹고사는 데 정확히 얼마가 드는지 잘 모른다.

수입이 없을 때를 대비해 당신이 저축하거나 투자해야 할 금액을 알아보는 방법은 다음과 같다. 먼저 정기적으로 필요한 비용과 비정기적인 비용 모두를 찾아내라. 현재의 생활방식을 유지하기 위해 세금을 제외하고 월 5,000달러가 필요하다면, 거기에 12를 곱하라. 그러면 수입이 전혀 없을 때 편안한 삶을 유지하기 위해 당신은 연 6만 달러가 필요할 것이다.

마지막으로, 그 연간 금액에 20을 곱한다. 20년은 당신과 배우자가(또는 둘 중 하나가) 당신이 은퇴한 후 살아갈 평균 햇수다. 당신이 편안히 사는 데 필요한 돈이 연간 6만 달러이므로, 현재의 생활을 은퇴 후에도 유지하려면 120만 달러가 필요할 것이다. (은퇴 후 받을 연금이 있다면 월간 비용이나 연간 비용에서 빼면 된다.)

첫걸음을 떼라

이제 첫걸음을 떼라. 은퇴 계좌, 즉 경제적 자유 계좌를 개설하라. 이 통장은 오로지 돈을 쌓아놓는 통장이다. 어떤 일이 있어도 이 통장에서 돈을 인출해서는 안 된다.

그리고 금융 전문가에게 조언을 구하라. 수입의 85~90%로 먹고살고 잔액은 저축하거나 투자하는 법을 배워라. 경제적 독립을 이루고 미래 특정한 시점에 당신이 정한 '숫자'에 도달하기 위해 이를 삶에서 가장 중요한 목표 중 하나로 삼아라.

꿈의 숫자를 정하라. 그리고 그것을 성취할 계획을 짜고, 계획을 행동에 옮겨 꾸준히 저축하고 투자한다면 미래 어느 시점에서 성취할 확률을 10배는 더 높여줄 것이다.

결심하라

오늘 장기적 관점으로 삶을 보겠다고 결심하라. 열정적으로 미래지향적인 사람이 되어라. 하루 중 대부분의 시간을 들여 미래를 생각하라. 당신의 결정과 행동의 결과를 생각하라. 무슨 일이 일어날까? 그리고 무슨 일이 일어날 수 있을까? 그런 다음에는 어떻게 될까?

자신을 통제하는 법을 연습하라. 내일 더 나은 미래로 보상받으려면 오늘 기꺼이 그 대가를 치러라.

이제 첫걸음을 떼라. 성공과 실패를 좌우하는 것은 좋은 의도와 희망, 바람이나 꿈이 아니다. 삶의 주요 영역에서 당신이 원하는 것을 결정한 다음 첫걸음을 떼는 일이다. 다행스럽게도 첫 단계는 항상 눈에 잘 보인다.

1. 장기적 관점으로 생각하고, 행동하기 전에 그 결정이 불러올 결과를 고려하겠다고 오늘 결심하라.

2. 3~5년 앞을 내다보며 당신의 삶이 모든 면에서 이상적이라고 상상하라. 그땐 지금과 어떻게 다를까?

3. 이상적인 미래를 이루기 위해 즉시 취할 행동 하나를 정하라. 그런 다음 첫걸음을 떼라.

02

◎

일보 후퇴는
실패가 아니다

실패는 하고 싶지 않는 일을 하지 않을 때 발생한다. 하지만 성공한 사람들은 습관적으로 하기 싫은 일을 해낸다. 그들은 목적의식이라는 힘으로 하기 싫은 마음을 극복한다.

—알버트 그레이

인간의 정신은 비범하다. 우리는 우주에 알려진 분자 수보다도 더 많은 생각을 할 수 있다. 따라서 정신의 힘을 당신이 세운 목표나 소원에 적절히 집중하면 비범한 일을 성취할 수 있고, 종종 눈 깜짝할 사이에도 이룰 수 있다.

인간의 정신은 계속 질주한다. 의식의 흐름은 1분당 약 1,500개의 단어에 달한다. 생각은 하나의 생각에서 다른 생각으로 도약하고, 또다시 되돌아온다. 질주하는 생각의 흐름을 통제해 가능한 모든 것을 성취할 수 있는 길로 향하게 하려면 엄청난 훈련과 의지가 필요하다.

하지만 공교롭게도 우리는 수백 가지를 연속해서 생각할 수는 있지만, 한 번에 한 가지밖에 생각하지 못한다. 따라서 당신은 의식의 흐름을 통제할 수 있고, 저격수가 한 번에 하나의 목표물에 집중하듯 한 가지 생각에 집중할 수 있다.

하지만 대부분의 사람이 신중하고 논리적인 생각 없이 습관적으로 주변에 일어나는 일과 자기 내면에 반응하고 응답한다.

그들은 환경에서 오는 자극과 자신의 습관적 또는 순간적 충동과 욕구에 즉각적으로 반응하고 응답한다. 일반적인 사고 과정에서는 자극과 반응 사이에 시간차가 없다.

탁월한 사고 과정도 자극에 반응하지만, 응답하기 전에 생각하는 잠깐의 시간을 둔다. 부모가 자녀에게 이렇게 말할 때와 같다. "(반응하기 전에) 10까지 세렴. 특히 속상하거나 화가 날 때는."

말하거나 행동하기 전에 잠깐 멈춰서 생각하면 최종적인 반응의 질이 향상된다. 그 잠깐의 시간이 성공을 위해 꼭 필요한 요건이고, 성공한 사람들의 자질이기도 하다.

생각은 힘든 일이다

IBM의 설립자 토머스 왓슨은 사무실 벽에 '생각하라'라는 문구를 붙여두도록 했다. IBM 초창기, 문제가 있을 때마다 누군가 그 문구를 가리키며 논란이 되는 문젯거리를 시간을 두고 더 많이 생각할수록 적절한 해결책이나 결정이 더 쉽게 떠오를 것이라고 동료에게 상기시켰다.

생각은 세상에서 가장 힘든 일이다. 그래서 사람들은 대부분 어떻게 해서든 생각하지 않으려 한다. 그래도 생각하는 사람이 있다. 그런데 자신이 생각한다고 생각하는 사람도 있다. 하지만 생각하느니 차라리 죽겠다는 사람들이 대부분이다.

좋은 생각은 더 힘든 일이다. 당신이 진정으로 정신적 능력의 깊이를 헤아리고자 한다면 배우고 반복해서 연습해야 한다.

다행히도 무엇이든 반복적으로 하면 곧 습관이 된다. 일단 습관이 되면, 쉽게 그리고 저절로 하게 된다. "나중에는 쉬워지는 일도 모두 처음에는 어렵다." 괴테의 말은 새로운 습관 형성에도 틀림없이 적용된다.

느리게 생각할 것

당신이 몸에 배게 해야 할 최고의 습관 중 하나는 느린 생각이 필요한 영역에서 느리게 생각하기를 연습하는 것이다.

우리가 1장에서 살펴봤듯, 가장 중요한 요소는 결과다. 살면서 우리가 하는 거의 모든 실수가 행동의 결과를 미리 신중하게 고려하지 않아서 생긴다.

대니얼 카너먼의 책《생각에 관한 생각》은 정확하게 생각하는 법에 대한 깊은 이해가 돋보인다. 그는 우리가 잘못된 결론에 도달해 바라는 결과를 얻지 못하는 행동을 하게 되는 이유를 다양한 방면에서 살펴봤다.

카너먼은 우리가 정보를 받아들이는 방법과 부족한 데이터, 선별된 통계, 확증편향(우리가 이미 믿기로 결정한 내용과 일치하는 내용만 찾는 것)에 의해 수집한 정보를 바탕으로 의사결정을 내리는 과정을 보여준다.

생각에 관한 연구의 공통된 결론은 우리 삶과 일에서 긍정적이든 부정적이든 중요한 영향을 미치는 결정을 내리기 전에 속도를 늦출 필요가 있다는 것이다.

생각의 속도를 늦추는 가장 간단한 방법은 의사결정의 기초로서 어떤 정보를 받아들이기 전에 계속 묻는 것이다. "이게 사실이란 걸 어떻게 알지?"

생각의 두 가지 방식

생각의 방식은 속도를 기준으로 나눌 수 있다. 빠른 생각은 붐

비는 도로에서 운전할 때 내리는 결정처럼 정보를 빠르고 직관적이고 무의식적이며 본능적으로 처리한다.

대화나 회의, 일상생활을 하거나 장을 볼 때처럼 대부분의 활동을 할 때는 빠른 생각이 적절하고 또 필요하다. 점심 메뉴를 결정할 때처럼 결과가 상황이라는 큰 틀에서 볼 때 전혀 중요하지 않기 때문이다.

그러나 삶의 많은 다른 영역에서 우리가 바라는 결과를 가져다줄 올바른 장기 결정을 내리려 한다면 느린 생각은 더 많이 필요하고 심지어 꼭 필요하다. 이것이 통찰의 핵심이다. 대부분 사람이 저지르는 가장 큰 실수는 느린 생각이 필요한 장기 결정과 중대 결정을 할 때 빠른 생각을 한다는 것이다.

예를 들어, 당신이 대학에서 어떤 과목을 수강할지, 어떤 진로를 선택할지, 누구와 결혼할지, 어떻게 돈을 벌고 저축하고 투자할지에 관한 결정에는 모두 느린 생각이 필요하다.

장기적으로 더 중요한 결정일수록 속도를 늦추고 잠시 멈춰서 사실과 당신의 의견을 모두 신중히 고려해야 한다.

사업을 시작하고 회사를 세울 때도 일부 영역에서는 느린 생각이 절대적으로 필요하다. 어떤 제품이나 서비스를 특화해야 하는지, 어떤 고객층을 목표로 삼아야 하는지, 생산과 판매, 마케팅과 유통에서 어떤 방법을 선택할지, 비용과 가격 결정까지 기업의 성공과 실패를 좌우하는 문제에는 느린 생각이 특히 중요하다.

당신의 사고방식을 분석하라

지금부터 주기적으로 자신에게 물어라. "이 상황에서는 빠른 생각이 필요할까, 느린 생각이 필요할까?"

꼭 결정할 필요가 없다면, 결정하지 않을 필요가 있다. 생각할 시간을 가능한 한 많이 벌어두고, 자극과 반응, 생각과 결정 사이의 시간차를 가능한 한 길게 두어라. '72시간의 규칙'을 연습하라. 결정을 내리기 전에 생각할 72시간, 즉 3일을 벌어라.

중요한 결정일수록 더 오래 고민하면 거의 모든 경우에 더 좋은 결과를 얻는다. 계속해서 이 말을 사용하라.

"생각해보고 다시 오겠습니다."

만일 누군가가 중요한 문제에 관해 결정을 내리라고 압박한다면 이렇게 말하라. "지금 당장 대답을 하라고 강요한다면, 내 대답은 '아니오'입니다. 하지만 잠시 생각할 시간을 준다면 대답은 달라질 수도 있습니다."

세부사항을 적어라

쓰기가 사람을 정확하게 만든다. 생각을 종이에 옮겨라. 가장 강력한 생각 도구 중 하나는 문제나 결정의 세부사항을 종이에 쓰는 것이다. 당신이 종이에 쓸 때, 생각이 머리에서 손으로 옮겨지는 사이 놀라운 일이 일어난다.

모든 세부사항을 일일이 쓸 때, 특히 타이핑보다는 손으로 직접 쓰면 천천히 꼼꼼하게 생각하게 된다. 사실을 하나씩 나열해 쓰면 무엇을 해야 하는지 점점 더 선명해질 때가 많다.

어떤 결정의 잠재적 결과가 매우 중요할 때는 자신에게 가능한 한 많은 시간을 주어라. 당신이 내린 최종 결정은 빨리 결정할 때보다 항상 더 좋을 것이다.

탁월한 인간관계

성공의 95%는 당신이 끌어들이고, 임명하고, 일을 맡겨 위임한 사람들의 자질에 의해 결정된다. 당신이 같이 일하기로 선택한 사람들과 당신을 선택한 사람들이 사업을 일으킬 수도, 망하게 할 수도 있다. 그래서 피터 드러커는 "빠른 인사 결정은 언제나 잘못된 결정"이라고 말했다.

당신이 함께 일하기로 선택한 사람이나 그 밑에서 일하기로 한 사람들, 같이 어울릴 사람이나 결혼할 사람, 사업에 투자하거나 함께 경영할 사람들이 당신의 개인적 삶의 성공과 행복의 약 85%를 결정할 것이다.

최고의 영업사원을 다수 고용한 한 세일즈 매니저에게 그 비결을 물은 적이 있다. 그가 말했다. "간단합니다. 저는 '30일 규칙'을 따릅니다. 어떤 지원자가 아무리 맘에 들더라도, 최종 결정을 내리기 전에 30일은 기다려보자고 자신을 타이릅니다. 지원자를 만나서 얘기를 나누다 보면, 첫 번째나 두 번째 만남에서 뛰어나 보였던 사람이 장기적으로는 그 일에 완전히 부적절한 약점과 성격상의 결함을 드러낼 때가 많습니다."

대부분의 성공한 기업과 매니저들은 이런 규칙을 다양한 버전으로 실행한다. 그들은 사람을 잘못 고용하면 매우 비싼 대가를 치른다는 것을 잘 알고 있다. 이 원리는 사업 파트너와 계약에도 마찬가지로 적용된다.

전략적으로 생각하는 법

한동안 많은 경영 기법이 유행했지만 그중 항상 첫 손가락으로 꼽히는 것은 전략기획이다. 전략기획을 수립할 때는 천천히 생각하고, 행동이나 결정이 불러올 결과들을 신중히 고려해야 한다. 사업의 장기 미래를 계획하고 있기 때문이다.

개인의 전략기획도 마찬가지다. 당신은 자신의 미래를 설계한다. 몇 년 후 자신이 어디에 있을지 결정하려고 먼 미래까지 생각한다.

개인 전략기획은 당신을 천천히, 더 꼼꼼하고 정확히 생각하게 한다. 개인 전략기획을 통해 당신은 정말로 되고 싶고 갖고 싶고 하고 싶은 것을 생각하고, 몇 달이나 몇 년 후에는 그것을 성취할 수 있다.

미래를 생각할 때, 특히 빠른 속도로 변화하는 혼란스러운 시절일수록 하루 이틀 정도 시간을 마련하는 것도 좋은 생각이다. 긴 산책을 떠나서 정신을 쉬게 하라. 배우자와 미래 목표를 토론하라. 컴퓨터와 스마트폰, 전화기, 문자 메시지 등 생각의 흐름을 방해할 수 있는 모든 전자기기가 없는 곳으로 휴가를 떠나라.

느린 생각을 실천할 가장 강력한 방법은 규칙적으로 고독을 연습하는 것이다. 평생 단 한 번도 고독을 연습해보지 않은 사람이 많다. 사람들은 바쁘고 활동적이고 싶은 욕망이 있고, 그 욕망은 끝이 없어서 매 순간을 자극으로 채우고 있다.

하지만 이것은 당신에게 좋지 않다.

고독 연습은 꽤 간단하다. 음악이나 산만하게 하는 방해요소들이 없는 곳에서, 최소 30분에서 60분간 혼자 조용히, 소리 내거나 움직이지 않고 앉아만 있으면 된다. 공원처럼 소음이 없는 자연 속에 조용히 앉아 있어도 좋다.

아마 고독을 즐기기에 가장 좋은 정신적 상태는 '물에 관한 생각'일 것이다. 물이 있는 곳에서(심지어 수영장도 괜찮다) 가만히 앉아 물을 보면 마음이 편안해지고 당신의 무의식과 초의식에 있는 능력이 모습을 드러낼 것이다.

고독은 훈련이 필요하다

처음 고독을 연습할 때는 매우 어렵다고 생각할 것이다. 잠시도 가만히 있지 못한 채, 일어나서 할 만한 일을 생각할지도 모른다. 처음 20~25분 동안은 자신을 거의 억눌러야만 한다.

하지만 20~25분이 지나면 놀라운 일이 일어난다. 모든 긴장감과 스트레스가 사라지기 시작하면서 완전히 편안한 기분이 든다. 당신은 침묵 속에서 그저 가만히 앉아 있는 느낌을 즐기기 시작한다. 바로 그 순간 당신의 머릿속에서 생각과 아이디어, 통찰력, 관점, 해결책, 영감 등이 흐르기 시작하는데, 그것들이 당신의 삶을 바꿀 수 있다.

생각이 강처럼 흐르게 하라. 지금은 어떤 것도 종이에 쓸 필요가 없다. 좋은 아이디어는 고독의 시간이 끝난 후에도 머릿속에 남는다. 침묵 속에서 혼자 있는 시간을 가질 때 인간은 위대해지기 시작한다.

당신이 30~60분간 고독의 시간을 연습해본 적이 없다면, 첫 번째 시간을 언제 가질지 자신과 약속하라. 나는 늦은 오후 집으로 가는 길에 차를 멈추고 1시간 정도 조용히 앉아 있는다. 동료들이 모두 떠난 사무실에 남아 있어도 좋다. 쥐죽은 듯 조용하기만 하면 베란다나 침실에 앉아도 좋다.

살면서 고민이나 어려움, 장애, 좌절 또는 힘든 일을 맞닥뜨리면, 침묵하며 가만히 앉아 있어라. 당신이 처음으로 고독을 만나는 바로 그때, 거의 예외 없이 가장 큰 고민거리에 대한 답이 나비처럼 날아와 어깨 위에 내려앉을 것이다.

고독을 연습하다가 머릿속에 떠오른 대답은 모든 면에서 완전하다. 고민이나 어려움의 세부적인 사항을 모두 해결할 답이 된다. 대답은 간단하고 명료하며, 당신이 해낼 수 있는 일이다. 또한 문젯거리를 속속들이 해결해준다. 당신이 고독의 시간을 가진 후 일어나 아이디어를 실행에 옮길 때, 모든 일이 저절로 해결될 것이다. 그러면 당신은 마음의 평화를 얻을 수 있다.

내면의 힘을 풀어놓는 법

고독을 주기적으로 연습하려면 느린 생각이 필요하다. 그러려면 당신은 주변에서 일어나는 모든 일과 활동을 멈추고 몇 분간 침묵의 시간을 가져야 한다. 가장 좋은 소식은 고독을 연습하면 더 나은 아이디어와 더 나은 대답을 더 빨리 얻는다는 점이다.

결과가 매우 중요한 기업 전략기획에서, 한 발 뒤로 물러나 천천히 생각하고 결정적인 문제를 충분히 고민할 시간을 갖는 것은 사업의 성공과 실패를 결정짓는 행동일 수 있다.

시간 관리에는 다음과 같은 규칙이 있다. "계획하는 데 1분을 쓰면 실행할 때는 10분을 줄일 수 있다."

성공한 기업에게는 행동으로 옮겨진 성공한 전략이 있다. 느리고 신중한 생각이 널리 확장된 결과를 보고 있는 셈이다.

GOSPA 모델

생각의 속도를 늦추고 더 정확히 생각하려면 주기적으로 GOSPA 모델을 사용하라. GOSPA는 목적(Goal), 목표(Objectives), 전략(Strategies), 우선순위(Priorities), 행동(Actions)을 의미한다.

- **목적** 목적은 당신이 장기석으로 성취하고픈 구체적이고 측정가능하며 시간제한이 있는 결과다.

- **목표** 목표는 목적에 도달하기 위해 당신이 달성해야 할 중간 단계를 말한다. 당신의 목적이 사다리 꼭대기에 있다고 가정하면, 목표는 목적을 성취하기 위해 올라야 하는 사다리의 가로대에 있다고 보면 된다.

- **전략** 전략은 각각의 목표를 성취할 다양한 방법들이다. 예를 들어, 사업에서 당신의 목표 중 하나는 어떤 수준의 판매량을 달성하는 일일 것이다. 판매 목표를 달성하기 위해 사용할 다양한 방법들이 바로 전략이다.

- **우선순위** 우선순위는 당신의 목적과 목표를 달성할 때 다른 무엇보다 더 중요한 활동들이다. 모든 일에 80/20 법칙을 적용하라. 당신이 받을 결과의 80%를 불러올 수 있도록 당신이 취할 상위 20%의 행동은 무엇일까?

- **행동** 당신의 전략을 실행하고, 목표를 달성하며, 목적을 성취하기 위해 당신이 취해야 할 구체적이고 측정가능하며 시간제한이 있는 활동은 무엇인가?

이렇게 당신이 취할 행동을 하나하나 신중히 고려하는 사고방식은 당신의 의사결정 능력을 상당히 높여준다. GOSPA 모델은 장기적 생각과 느린 생각을 함께 사용하도록 만들어주기 때문이다.

확률의 법칙

많은 사람이 자신의 성공이나 실패를 운 때문이라고 말한다. 그러나 실제로 일어난 일을 되돌아보면 성공은 전혀 운의 문제가 아니다. 오히려 성공은 확률의 문제다.

확률의 법칙은 모든 일에는 일어날 수 있는 가능성이 있기 때문에 특정한 수학적 모델을 사용하면 매우 정확한 수치를 계산할 수 있다고 말한다. 가장 간단한 예로, 당신이 성공한 사람들과 조직이 하는 대로 더 많이 따라 한다면 당신도 적절한 시기에 적절한 일을 해서 성공할 확률이 높아진다고 한다.

필요할 때마다 느린 생각을 실행하면, 성공으로 가는 여정에서 적절한 일을 더 많이 하고, 부적절한 일은 더 적게 하고 있음을 깨닫게 될 것이다.

성공은 우연이 아니다. 실패도 우연이 아니다. 행동하기 전에 더 신중히 생각하고 계획할수록, 성공을 더 빨리 거머쥐게 될 것이다.

1. 문제나 아이디어와 같은 자극을 받고 그에 반응하기 전에 천천히 생각할 여유를 갖겠다고 오늘 결심하라.

2. 당신의 사업이나 삶에서 중요한 영역을 하나 선택해서 미래를 분명히 생각하고 가장 잘 계획할 수 있도록 GOSPA 모델을 사용하라.

3. 30~60분간 혼자 있는 시간을 오늘 마련해서 완전히 조용한 곳에 앉아 직관의 소리를 들어라. 이를 규칙적으로 실천하라.

03

◎

좋은 결정은
의심에서 싹튼다

서둘러 훌륭한 사람이 되려는 노력을 경계하라. 그런 시도가 성공할 확률은 매우 희박하다.

—벤저민 디즈레일리

성공한 기업가들이 가장 사랑하는 단어는 '상당한 주의'다. 올바른 결정을 내리는 데 필요한 매우 중요한 정보를 얻으려면 시간이 필요하다.

우리가 저지르는 가장 큰 실수는 숙제를 충분히 하지 않고 시간과 돈과 자원을 써버리는 것이다.

결정을 내리기 전에 문제에 관해 완전한 지식을 갖춰야만 한다. 모든 정보를 충분히 검토한 후에야 우리는 최고의 결정을 내릴 수 있다. 돌다리도 두들겨보고 건너야 한다는 사실을 잊어서는 안 된다.

성공의 이유

〈포브스〉에 따르면 경영 실패의 가장 큰 이유는 그 제품이나 서비스에 대한 수요가 없어서라고 한다. 무엇이 됐건, 소비자들은 그것을 원치 않거나, 회사가 사업을 유지할 수준에서 책정한 가격으로는 그것을 사고 싶지 않기 때문이다.

2013년에 미국에서만 시장조사에 80억 달러 이상을 썼다. 이 돈은 제품이 생산되어 시장에 나오기 전에 소비자들이 정말로 무엇을 원하는지를 알아낼 목적으로 쓰인다.

하지만 철저한 조사에도 불구하고 신제품의 80%가 결국 실패해서 시장에서 사라진다.

경영 컨설팅 선두 업체인 맥킨지앤드컴퍼니에 따르면, 사업 성공의 주요 원인은 높은 판매량이다. 사업 실패의 주요 원인도 낮은 판매량이다. 다른 이유는 모두 주석일 뿐이다.

충분한 판매량을 얻지 못해 실패로 이어진 잘못된 결정은 주로 핵심 인물들이 제품이 생산되어 판매되거나 서비스가 제공되기 전에 필요한 정보를 얻지 못했거나 올바른 질문을 하지 못했기 때문이다.

팩트를 파악하라

150개 이상의 회사를 인수합병하며 IT&T를 복합기업으로 만든 해럴드 제닌은 이렇게 말했다. "경영에서 가장 중요한 요소는 '팩트'다. 뻔한 팩트나 추정된 팩트, 바라는 팩트가 아닌 진짜 팩트를 확인하라. 진상을 파악하라. 팩트는 절대 거짓말을 하지 않는다."

오늘날 경영에서 가장 중요한 단어는 '확인'이다. 절대로 추정하지 마라. 좋은 아이디어가 있다면, 즉시 행동을 취해서 그 아이디어가 당신 생각만큼 정말로 좋은지 확인할 증거를 모아라.

종이에 생각을 써라. 그 제품이나 서비스에 관해 당신이 알고 있는 모든 정보와 올바른 결정을 내리기 위해 당신에게 필요한 정보를 모조리 목록으로 만들어라.

다른 사람에게 말하라. 같은 상황에 있었던 다른 사람들에게 조언과 노하우를 구하라.

전문가를 고용하라. 특정한 영역을 전문적으로 다룬 사람이 당신의 시간과 돈을 잃지 않게 도와줄 것이다.

인터넷 검색을 하라. 당신의 질문, 문제, 아이디어와 관련된 핵심 키워드를 입력하고 무엇이 뜨는지 확인하라. 다른 누군가가 이미 그 분야에 철저히 터를 닦아두었을 것이다.

의견을 구하라. 이 주제에 관해 지식을 갖고 있을 업계의 모든 사람에게 솔직한 의견과 아이디어를 공유해달라고 부탁하라. 단 하나의 생각이나 논평이 당신의 관점을 완전히 바꿀지도 모른다.

당신의 생각을 반대하라

과학적 도구를 사용하라. 가설을, 아직 증명되지 않은 이론을 세워라. 그런 다음 이 가설이 틀렸음을, 다시 말해 당신의 아이디어가 틀렸음을 입증할 방법을 찾아라. 바로 이것이 과학자들이 하는 일이다.

사람들은 아이디어가 떠오르면 자기 생각이 옳다는 것을 입증할 증거만 찾는다. 이른바 '확증편향'을 갖는다. 사람들은 자기 아이디어의 타당성을 입증할 증거만을 찾고, 동시에 그들이 이미 믿기로 결심한 내용과 모순되는 정보나 조언은 거부한다.

부정적 가설 또는 반대 가설을 세워라. 당신이 처음 세운 이론과 반대되어야 한다. 예를 들어, 당신이 아이작 뉴턴이고 중력에 대한 아이디어가 막 떠올랐다고 치자. 당신의 초기 가설은 '사물은 위에서 아래로 떨어진다'일 것이다. 그렇다면 당신은 '사물은 아래에서 위로 올라간다'는 정반대의 가설을 증명하려 애써야 한다.

만약 당신의 아이디어에 대해 부정적이거나 정반대인 가설을 증명할 수 없다면, 그때야 당신의 가설이 옳다고 결론 내릴 수 있다.

당신이 어떤 제품이나 서비스에 관해 아이디어가 떠올랐다고 가정하자. 그러면 특정한 가격이 매겨진 이 제품이나 서비스가 필요치 않음을 증명하려 애써야 한다. 유망 고객에게 접근해서 제품이나 서비스를 설명한 후 이렇게 말해라. "당연히 이것은 당신이 원하거나 필요하거나 기꺼이 살 물건은 아니겠지요?"

고객이 당신이 제안하는 제품을 원치 않는다고 말하면 당신은 의사결정을 이끌어줄 귀중한 정보를 얻는 셈이다. 하지만 만약 고객이 당신의 부정적인 가설에 "아뇨, 아닙니다. 이것이 시장에 나온다면 정말로 기꺼이 사서 사용할 의사가 있습니다"라고 말하며 반박한다면, 그때 비로소 새로운 제품이나 서비스의 잠재 수요에 관해 당신이 처음에 세운 이론이 입증된다.

기꺼이 실패하라

반복적으로 시도하고 실패하고 제안하고 거절당할 준비를 하라. 실패와 시행착오는 당신이 거둘 최종 성공에 꼭 필요하다.

아이디어가 떠오르거나 결론을 내릴 때는 자신의 경영 컨설턴트가 되어라. 의사결정을 올바르게 끌어내기 위해 어떤 컨설턴트라도 할 인정사정없는 질문을 자신에게 던져라.

"이 신제품이나 서비스를 찾는 시장 수요가 있는가?"

"수요는 얼마나 되며, 가격은 얼마로 책정할 것인가?"

"이 제품이나 서비스를 사람들이 충분히 많이 사고 싶을 만큼 매력적으로 만들려면 당신이 처음 떠올린 아이디어에 어떤 변화를 주어야 하는가?"

"다른 것을 제쳐두고 이 제품을 굳이 개발할 만큼 이 신제품 아이디어의 수요가 많은가?"

"현재의 마케팅과 판로로 잠재 고객들에게 접근할 수 있을 만큼 이 제품 아이디어를 위한 시장이 집약되어 있는가?"

"당신이 다른 제품이나 서비스에서 얻는 수익보다 더 큰 수익을 올릴 만큼 고객들이 이 제품이나 서비스에 돈을 쓸 것인가?"

정보를 얻을 때는 자신에게 엄격해야 한다. 자신을 느슨하게 풀어주거나 중요치 않은 질문을 던지지 마라.

옳은 것이 더 낫다

새로운 아이디어나 서비스를 떠올리자마자 많은 고객이 기꺼이 사고 돈을 낼 만한 것인지를 확인하기도 전에 그 아이디어에 푹 빠져버리는 사람들이 얼마나 많은지를 알면 깜짝 놀랄 것이다. 이제 다음의 질문을 당신에게 적용해보자.

"당신은 옳기를 바라는가, 행복하기를 바라는가?"

적절한 행동 절차가 분명해질 때까지 계속 정보를 모으면, 결국 무엇을 해야 할지 분명해진다. 당신이 모은 팩트를 확인하고 또 확인하라. 어떤 것도 옳다고 믿지 마라. "이것이 팩트란 걸 어떻게 알지?"라고 물어라.

마지막으로 결정을 내릴 때 약점, 즉 제품이나 사업에 치명적일 수 있는 숨겨진 결함을 찾아라. 한때 세계에서 가장 부자였던 폴 게티는 사업 결정에 관한 질문에 이렇게 말했다. "처음에 어떤 사업 기회가 좋다고 결정합니다. 그리고 묻습니다. '이 사업 기회를 받아들여 우리에게 일어날 수 있는 최악의 일은 무엇일까?' 그리고 최악의 결과가 확실히 일어나지 않도록 작업을 합니다."

당신이 필요한 모든 정보를 모을 수 있고 숨겨진 결함을 상쇄시키거나 제거할 수 있다면, 남들보다 탁월하게 좋은 결정을 내릴 수 있다.

경험만한 것은 없다

　여기서 경험의 가치가 빛을 발한다. 빠르게 움직이고 급격히 변화하는 사업이나 산업에서 경험만한 것은 없다. 매우 귀중한 어떤 교훈들은 특정한 영역에서 무수히 경험하고 헤아릴 수 없이 많은 실수를 하는 시행착오를 통해서만 배울 수 있다.

　경험이 많은 사람들은 '패턴 인식' 능력이 탁월하다. 새로운 사업이나 기존의 사업 상황에서 그들은 경험으로 어떤 패턴이 성공이나 실패를 이끄는지를 인식할 수 있다. 또한 사업 투자나 결정을 무효로 만들 가능성이 있는 일들을 즉시 예상한다. 그들은 새로운 아이디어를 뒷받침하는 추론의 허점을 빨리 간파한다. 과거에 봐왔던 많은 패턴 덕분에 그들은 성공이나 실패로 이어지는 매우 중요한 요소들에 빨리 집중할 수 있다.

　지역 체스 챔피언부터 그랜드 마스터까지 체스 선수에 관한 연구에서 연구원들은 선수들의 성공 수준의 차이는 어떤 게임이든 상대방이 둘 수 있는 잠재적인 수를 예측하는 능력에 있다고 추정했다. 연구원들은 또한 어떤 수준의 체스 선수든 서너 수 이상 앞서 생각하는 사람이 거의 없다는 사실을 발견했다. 그보다 더 앞서 생각하는 것은 우승에 도움이 되지 않는다.

하지만 전문가 수준의 선수들은 자신보다 하위 레벨 선수보다는 체스판에서의 패턴을 더 많이 인식했는데, 이는 경험에서만 우러나올 수 있었다.

그랜드 마스터는 체스판을 힐긋 보고도 즉시 5만 가지나 되는 말의 조합을 볼 수 있다. 그는 체스판에 놓인 말의 패턴을 보고 상대방이 어떻게 다음 수를 둘지를 정확하게 짐작한다. 결과적으로 체스 챔피언은 열, 스물, 심지어 서른 명이나 되는 상대방과 동시에 체스를 두어 이길 수도 있다. 체스판에서 다음 체스판으로 걸어가면서 힐긋 보고 패턴을 인식한 다음 결정을 내리고 말을 옮긴다. 그리고 다음 체스판으로 옮겨간다.

경영자와 전문직에게도 마찬가지다. 빨리 또는 쉽게 얻을 수 없는 폭넓은 경험 덕분에 전문가는 복잡한 상황을 빨리 평가할 수 있고, 경험이 부족한 사람에게는 잘 보이지 않는 해결책을 즉시 제시할 수 있다.

〈포춘〉이 선정한 500대 기업의 회장들은 평균 1,000만 달러 이상을 번다. 이런 성과는 오로지 복잡한 상황을 맞았을 때 그들이 과거에 봐왔고 처리했던 경험을 바탕으로 빨리 응답하고 반응해서, 가끔은 100만 달러 또는 10억 달러나 되는 경제적 결과를 불러온 결정을 빠르고 정확하게 내린 덕분이다.

제1의 규칙

부자들이 하는 공통된 조언은 '돈을 잃지 마라'이다. 일과 인생에서 당신의 목표도 틀림없이 '돈을 잃지 말자'일 것이다. 전쟁터에서 전투에 이기는 사람은 보통 실수를 가장 적게 하는 장군이다. 자신의 회사나 부서가 더 높은 수익을 올리도록 이끄는 사람도 보통 경제적 실수를 가장 적게 하는 사람이다. 결정을 내리기 전에 정보를 더 많이 모을수록, 당신이 바라는 성공으로 이어질 올바른 결정을 내릴 확률이 높다.

애초에 되돌릴 수 없는 결정을 내리기 전에 시간을 두고 충분히 정보를 수집해서 당신이 원하는 목표를 성취하라.

미국에서 자수성가한 최고 부자 중 한 명이었던 버나드 바루크는 자신이 저지른 가장 큰 경제적 실수는 돈을 투자하기 전에 '상당한 주의' 의무를 기울이지 못했기 때문이라고 말했다.

오늘날 세계에서 두 번째로 부자인 워런 버핏은 하루 중 80%의 시간을 투자해 자신이 내린 투자 결정에 영향을 줄 수 있는 세부사항들을 철저히 알아낸다. 그는 정보를 배우고 모으는 일을 절대 멈추지 않는다.

몇 년 전까지 세계에서 가장 부자였던 카를로스 슬림의 멕시

코시티에 있는 집은 멕시코 전역과 전 세계에서 온 신문들로 가득하다. 그는 올바른 사업 결정을 내리는 데 필요한 정보가 있는 자료라면 무엇이든 끊임없이 읽는다.

정보 수집을 절대 멈추지 마라

당신의 목표는 당신에게 가장 중요한 일과 삶의 영역에서 다른 누구보다도 많이 아는 사람이 되어야 한다는 것이다. 당신은 꾸준히 정보를 수집하고 다양한 아이디어를 서로 비교해야 한다. 여전히 의심을 거두지 말고 당신이 내린 결정을 향해 천천히 나아가라.

정보를 더 많이 모으고 더 많은 경험을 쌓을수록, 더 좋은 결정을 내려 더 좋은 결과를 성취할 것이다.

1. 당신의 일과 삶에서 시간과 돈, 장기 결과와 관련된 결정을 내려
    야 하는 분야를 하나 선택하라. 행동을 취하기 전에 결정의 모든
    세부사항을 알아보겠다고 결심하라. 어떤 것도 확신하지 마라.

2. 남들에게 물어라. 당신과 같은 상황에 놓였었거나 같은 문제를
    겪었을 사람을 여러 명 찾아서 그들의 조언을 구하라.

3. 당신이 앞으로 나아가야 할지 말아야 할지 결정해야 하는 부
    분에서 치명적인 결함을 찾아라. 항상 결함이 존재한다고 가정
    하라.

Get Smart!

04

◎

애매한 꿈보다는
구체적인 목표가 낫다

강인한 정신력은 많은 것을 내포하고 있다. 정신력의 첫 번째 특성은 희생과 자제력이다. 또한 가장 중요한 특징으로 정신력은 완전히 절제된 의지력과 결합해 어떤 일에도 굴복하지 않게 한다. 정신력은 마음의 상태로, '행동하게 하는 성격'으로 부를 수 있다.

−빈스 롬바르디

빈손으로 시작해 자수성가한 백만장자들이 멤버 중 한 명의 집에서 저녁을 먹고 있었다. 대화의 주제는 왜 평범한 사람들과 다르게 그 식탁에 둘러앉은 사람들은 많은 것을 이루었는지로 흘러갔다. 마침내 백만장자들 중에서 가장 성공한 사람이 입을 열고 물었다.

"성공이 뭐야?"

모두가 성공의 정의에 대해 한마디씩 내놓았다. 그들의 이야기를 모두 들은 그가 말했다.

"성공은 목표야. 다른 말은 모두 주석일 뿐이지."

04_ 애매한 꿈보다는 구체적인 목표가 낫다

전환점

당신이 살아가는 동안 수많은 전환점들을 만날 것이다. 이 전환점들은 순간일 수도, 통찰력일 수도, 몇 달이 걸리는 경험일 수도 있다. 하지만 이런 전환점 중 하나가 지나면 당신의 삶은 결코 전과 같을 수 없다.

가끔 당신은 이런 전환점을 알아차리기도 한다. 하지만 대부분의 경우, 돌이켜 생각할 때에야 그것이 전환점이었음을 알게 된다. 당신이 삶을 돌아보면, 주의를 기울이지 않았던 작은 일의 결과가 어떤 면에서 당신을 바꿨으며 오늘날 당신에게 영향을 줬음을 깨닫는다.

내 삶에서와 가장 성공한 사람들의 삶에서 주요 전환점 중 하나는 '목표의 발견'이었다. 나는 스물넷에 빈털터리였고 기술도 없는, 그저 그런 방문 판매원이었다. 제품을 거의 팔지 못해서 돈도 거의 벌지 못했고, 친구네 원룸 바닥에서 잠을 잤다.

그때 나는 목표를 발견했다.

목표를 발견하라

나는 그 원룸에 있던 오래된 책장의 맨 아래층에서 헌책을 발견했다. 책을 대충 훑어보다가 '성공하고 싶다면 목표가 있어야 한다'라는 구절을 발견했다.

몇 페이지 뒤에는 종이 한 장을 꺼내서 당신이 미래 어느 시점에 이루고 싶은 목표를 적으라고 쓰여 있었다. 따라 한다고 손해 볼 것도 없었다. 그래서 종이를 찾아서 성취하고픈 목표 10개를 적었다. 그리곤 목록을 바로 잃어버렸다. 하지만 30일 후에 내 삶은 완전히 바뀌었다. 나는 전혀 예상치 못했던 방식으로 목록에 있던 목표를 거의 모두 이루었다.

나는 판매량을 3배로 늘려준 영업 기법을 발견했다. 결과적으로 수입도 껑충 뛰어올랐다. 드디어 내 집으로 이사했다. 영업부장으로 승진하며 내 기법을 전수해줄 팀을 받았고, 그들이 올린 판매실적에 대해 수수료를 받았다.

이 모든 일은 종이 위에 내가 이루고 싶었던 목록을 쓴 지 30일 안에 모두 일어났다.

목표는 삶의 전환점이다

그때부터 나는 전 세계적으로 수백만 명이 사용하는 목표 설정과 성취에 관한 프로그램을 읽고, 연구하고, 가르치고, 만들어 냈다. 어디를 가든 사람들이 내게 와서 거의 똑같이 말했다. "당신이 제 인생을 바꿨어요."

그들의 삶에 엄청난 영향을 미친 가르침이 구체적으로 무엇이었느냐고 물었을 때, 그들은 항상 목표를 설정하고 성취하는 방법에 관한 배움이었다고 말했다. 그것은 내 삶에서처럼 그들 삶에서도 전환점이 되었다.

오늘날 사람들이 우리 사회의 '1% 대 99%'라는 구조에 관해 불평하거나 심지어 거리에서 시위하는 모습도 흔히 볼 수 있다. 하지만 그들은 잘못 알고 있다. 사실 정확한 수치는 '3% 대 97%'다.

단지 3%만이 매일 자신이 하는 일에 관해 분명하고 구체적이며 명시된 목표를 갖고 있다. 나머지 97%에게는 희망과 꿈, 소원과 환상은 있지만, 목표는 없다. 그리고 그들이 그 차이를 모른다는 것이 가장 큰 비극이다.

몇십 년간 목표가 있는 사람과 없는 사람에 관한 모든 연구를 읽은 결과, 나는 평균적으로 상위 3%가 하위 97%를 모두 합한 소득의 10배를 벌고 얻는다는 사실을 발견했다.

왜일까? 여기에는 많은 이유가 있다. 우리는 앞 장에서 부자들이 했던 조언을 이미 만났다. "돈을 잃지 마라." 성공이라는 관점에서 봤을 때도 비슷하다. 우리는 "시간을 잃지 말아야 한다."

당신에게 분명하고 구체적인 목표가 있고, 그 목표를 성취할 명확한 계획이 있으며, 매일 계획에 맞춰 노력한다면, 엄청난 시간을 절약할 수 있다. 당신은 몇 달이나 몇 년 만에 보통 사람이 평생 성취하는 것보다 더 많이 성취할 수 있다. 목표를 설정하고 그 목표를 뇌에 저장하면, 뇌는 목표에 도달할 때까지 최적의 궤도를 스스로 수정하며 당신을 목표를 향해 곧장 나아가게 한다. "당신이 어디로 가고 있는지 모른 채 길을 따라간다면, 당신도 모르는 곳에 가 있을 것이다."

탁월한 생각의 3요소

탁월한 생각은 명료성과 몰입력, 집중력이라는 세 가지 특징을 가진다. 그리고 이 세 가지 요인들을 발전시키는 가장 좋은 방법은 삶의 모든 영역에서 분명한 목표를 세우는 것이다.

먼저 성공의 무려 95%가 생각의 명료성에 달려 있다. 당신은 자신이 누구인지, 즉 당신의 강점과 약점, 특별한 재능과 능력이 무엇인지, 또 당신이 삶에서 무엇을 하고 싶은지가 뚜렷해야 한다.

그런 다음 한눈팔거나 산만해지지 않고 한 번에 하나에만 몰입해야 한다. 빌 게이츠와 워런 버핏에 따르면 한 번에 하나에만 집중하는 능력은 빠르게 움직이고 요동치는 이 시대에 가장 필요한 정신적 능력이라고 한다.

당신이 누구이고 무엇을 원하는지 명확하게 파악했고, 어디에 몰입할지도 결정했다면, 마지막으로 한 번에 하나씩 성실하게 집중하고 그것을 100% 완수할 때까지 집중력을 잃지 않는 훈련을 해야 한다.

목표는 그 어떤 방법보다도 더 빠르게 명료성과 몰입력, 집중력을 강화한다. '애매한 생각'은 좌절과 실패의 가장 큰 원인이라 할 수 있고, 목표는 이 '애매한 생각'의 가장 좋은 해독제이다.

주의결핍 사회

빠른 사회 변화와 이메일, 문자 메시지, 전화 통화, 소셜미디어 등 지속적인 전자기기의 방해 때문에 많은 사람이 명료하게 생각하지 못하거나 '맡은 일'에 집중하지 못하는 일종의 주의력 결핍장애를 겪고 있다. 사람들은 하루 평균 45번 이메일을 확인하고, 메일과 전화 통화, 메시지의 노예가 되어 즉각적인 자극을 주는 것만을 계속 쫓고 있다.

목표가 없는 사람은 목표가 있는 사람을 위해 일할 수밖에 없다. 당신은 자신의 목표를 성취하려고 일할 수도 있고, 다른 사람의 목표를 성취하려고 일할 수도 있다. 물론 당신의 목표를 성취함으로써 당신이 속한 회사가 목표를 성취하도록 돕는 것이 가장 좋은 방법이다.

변화의 충격

오늘날 당신의 인생에 가장 큰 영향을 미치는 요소는 아마 변화의 속도일 것이다. 인류 역사를 통틀어 우리는 현재 겪고 있는 변화의 속도를 한 번도 겪어보지 못했다.

변화의 속도를 가속하는 3개의 요인은 우리의 통제력 밖에 있는 것처럼 보인다. 어제까지 완벽했던 계획도 결정적 요인 중 하나의 변화 때문에 하룻밤 사이 무용지물이 되기도 한다.

1. 정보 폭발

변화를 주도하는 첫 번째 요인은 정보와 지식의 폭발이다. 정보와 새로운 아이디어는 점점 더 빨리 팽창하고 증가하고 있다. 새로운 지식, 새로운 아이디어나 통찰력은 산업 전체를 뒤흔들거나 뒤엎을 수도 있다.

역사상 어느 때보다도 더 똑똑한 사람들이, 더 혁신적인 아이디어를, 더 다양한 분야에서, 더 다양한 방법으로 내놓고 있다.

2. 기술의 폭발

변화를 주도하는 두 번째 요인은 믿기 힘든 속도로 발전하고 팽창하고 성장하는 기술이다. 기술의 발전은 산업 전체를 변형시킬 수 있다. 2007년 아이폰이 처음으로 출시되기 전까지 휴대전화산업을 지배했던 노키아와 블랙베리를 생각해보라. 5년 후 두 회사는 사실상 모두 사라졌다. 블랙베리는 휴대전화 시장점유율이 49%에서 0.4%로 떨어졌고, 노키아는 마이크로소프트에 매각되었다. 지구촌 반대편에서 일어난 획기적인 기술 발전에 당신이 빠르고 적절히 반응하지 못한다면 당신의 사업도 사라질 수 있다.

3. 공격적 경쟁

다른 무엇보다 파괴적인 세 번째 요인은 경쟁이다. 당신의 경쟁자들은 그 어느 때보다도 맹렬하고 공격적이며 완강할 것이다. 경쟁은 새로운 잠재적 정보와 기술의 획기적 발전을 받아들이는 데 중점을 둔다. 경쟁자는 현재 당신이 내놓는 것은 무엇이든 구식으로 보이게 하려고 새로운 제품과 서비스를 개발하여 고객 취향을 바꾸고 새로운 취향을 형성한다.

당신의 경쟁자는 끊임없이 새로운 정보와 기술의 세계를 샅샅이 뒤지면서 고객들이 원하는 것을 당신보다 더 빨리, 더 싼

값에, 더 잘 제공할 기회를 찾고 있다.

패스트푸드업계 선두인 맥도날드는 치포틀레멕시칸그릴과 같은 회사에게 무방비로 따라잡혔고, 갭과 아베크롬비앤피치는 공격적인 경쟁자들에게 기습당하고 있다. 경쟁자들은 고객들이 원하는 취향을 더 잘 따라잡으며 더 적절하고 질 좋은 제품을 제공하기 때문이다.

따라서 '변화의 속도=정보 폭발×기술의 폭발×경쟁'이라는 방정식이 나온다. 우리는 변화의 속도가 앞으로 점점 더 빨라질 거라는 사실만 알 뿐이다. 가장 강하거나 똑똑한 종이 살아남는 것이 아니라, 변화에 가장 잘 적응하는 종이 살아남는다. 찰스 다윈의 이론은 여기서도 유효하다.

목표는 필수적이다

목표가 매우 중요한 이유가 바로 여기에 있다. 당신은 목표 덕분에 변화의 방향을 조절할 수 있고, 당신의 삶과 일이 외부 사건이 아닌 스스로 내린 결정으로 이루어진다고 확신할 수 있다.

성공의 가장 큰 비결 중 하나는 당신이 할 수 없는 일, 당신이 바꿀 수 없는 요인을 걱정하지 않는 것이다. 당신은 변화의 속도를 바꾸거나 늦출 수 없다. 하지만 최종 목표를 분명히 새기고 있다면 목표를 향한 길을 바꾸고 조정하며 변화에 더 잘 적응할 수 있다.

당신은 변화의 주인이 될 수도, 변화의 희생양이 될 수도 있다. 당신은 환경의 창조주가 될 수도 있고, 무자비한 변화의 물결에 압도되어 어쩔 수 없이 떠밀려가는 환경의 피조물이 될 수도 있다.

목표는 당신의 삶에 힘과 목적, 방향을 준다. 목표는 당신 내면에 있는 최선을 끄집어내어 당신의 잠재력을 온전히 실현하게 한다.

당신이 실천할 성공 원칙은 '생각을 종이에 옮겨라'이다. 당신이 원하는 것을 종이에 쓰는 바로 그 행동이 목표를 성취할 가능성을 급격히 높여준다. 보이지 않는 타깃을 명중시킬 수 없다. 마찬가지다. 당신이 종이에 분명하게 서술할 수 없다면 목표를 성취할 수 없다.

생각의 질은 당신이 자신에게 하는 질문의 질, 특히 목표 설정과 성취에 관한 질문의 질이 높을수록 크게 향상한다. 명료성, 몰입력, 집중력을 높은 수준으로 유지하기 위해 규칙적으로 묻고 답해야 하는 질문 몇 가지를 소개한다.

당신이 정말로 원하는 것

"당신은 삶에서 정말, 정말, 정말로 무엇을 하고 싶은가?"

이 질문을 할 때, 세 번째 '정말'이 미래에 당신이 어디쯤 있고 싶은지를 매우 분명히 떠올리게 도와줄 것이다. '정말'을 세 번 물을 때, 당신은 무엇을 가장 많이 원하는지를 더 깊이 파고들 수 있다.

"당신은 무엇을 정말로 소중하게 여기는가?"

당신의 가치관은 무엇인가? 당신의 첫 번째 원칙은 무엇인가? 당신에게는 어떤 자질과 덕목이 가장 중요하고, 당신이 좋아하고 존경하는 사람들의 어떤 자질과 덕목을 높이 평가하는가?

삶의 문제와 혼란의 대부분은 자신의 가치관을 되돌아보면 해결할 수 있다. 당신의 가치관은 당신의 핵심을 이룬다. 당신의 가치관을 축으로 당신의 삶은 회전한다. 당신의 가치관이 당신의 가장 깊은 감정을 결정짓는다. 가치관은 당신의 믿음과 기대, 그리고 태도를 결정짓는다.

당신은 믿는 대로 보지 않는다.

믿기로 이미 마음먹은 대로 본다.

"내 삶에서 가장 중요한 가치는 무엇인가?"

일주일간 자신에게 이 질문을 반복적으로 하라. 처음 떠오르는 대답에 만족하지 마라. 처음 떠오르는 대답은 항상 간단하고 명백하며 남들에게 존경스러운 덕목일 것이다. 하지만 "내 삶에서 가장 중요한 가치는 무엇인가?"라고 계속 물어라. 마지막에 떠오르는 대답에 놀랄지도 모른다.

당신에게 가장 중요한 세 가지 목표

지금 당장 당신에게 가장 중요한 세 가지 목표는 무엇인가? 30초 이내에 답을 써라. 삶에서 가장 중요한 세 가지 목표를 쓸 시간이 30초밖에 안 되더라도 당신의 대답은 30분이나 3시간이 주어졌을 때만큼 정확할 것이다.

당신의 목표는 무엇인가?

실패의 두려움

당신이 은행에 2,000만 달러가 있는데 앞으로 10년밖에 못 산다고 상상해보자. 남은 10년간 무엇을 하겠는가?

이 질문은 돈과 자원이 제한되어 있다는 걱정으로부터 당신을 일시적으로 해방시킨다. 사람들은 대부분 정말로 하고 싶은 일을 자제한다. 그것을 할 여유가 없거나, 그것을 성취할 시간이나 재능, 자원이 충분치 않다고 생각하기 때문이다.

하지만 은행에 2,000만 달러가 있고 앞으로 10년간 무엇을 할지 선택해야 한다면, 당신은 자신에게 가장 중요한 '내면의 욕망'을 분명히 알 수 있을 것이다.

당신에게 그것은 무엇일까?

살날이 6개월밖에 남지 않았다면, 당신은 어떻게 시간을 보내겠는가? 무엇을 하겠는가? 누구와 시간을 보내겠는가? 무엇을 마무리 짓고 싶을까? 어떤 유산을 남기겠는가?

이 질문들은 당신이 무엇을 소중하게 생각하고 무엇이 당신에게 정말로 중요한지를 명확하게 해준다. 이런 말을 들어봤을 것이다. "숨을 거둘 때 사무실에서 더 일하고 싶었다고 말하는 사람은 아무도 없다."

당신은 어떤 종류의 활동을 할 때 자신이 중요하고 가치 있는 사람이라는 자긍심을 느끼는가? 지금까지 당신은 어떤 활동을 했을 때, 무엇을 성취했을 때 삶에서 가장 큰 행복을 느꼈는가? 무엇을 특히 잘하는가? 당신이 가장 크게 성공한 일의 가장 중요한 원인은 무엇인가? 돈을 받지 않더라도 온종일 하고 싶은 일은 무엇인가?

실패하지 않으리란 걸 안다면 스스로 세워보고 싶은 하나의 큰 목표는 무엇인가?

실패에 대한 두려움은 성인이 된 후 삶에서 성공으로 가는 가장 큰 장애물이자 실패의 주요 원인이기도 하다. 당신에게 한계가 없다고 상상하라. 당신이 스스로 세운 목표를 성취하는 데 필요한 시간과 돈, 사람들과 그들과의 유대감, 친구들과 인맥, 재능과 능력이 모두 있다고 상상해보라. 그렇다면 어떻게 될까?

당신이 누구이고, 정말로 무엇을 원하는지를 분명히 생각하는 능력은 당신이 많은 목표를 성취하며 살아가는 데 가장 중요하다. 이런 질문들을 규칙적으로 묻고 대답한다면 명료성, 몰입력, 집중력을 계발하는 데 도움이 될 것이다.

목표 설정 과정

나폴레온 힐은 성공의 비결이 '증명된 성공 공식'을 사용하는 것이라 말했다. 성공한 다른 사람들은 반복적으로 무엇을 하는지 알아내고, 그들이 하는 대로 똑같이 하라. 인과의 법칙에 따

르면, 당신이 성공한 다른 사람들이 하는 대로 하면(원인), 곧 그
들과 같은 결실(결과)을 얻을 것이라 한다.

당신의 삶을 바꾸고 남은 인생에 모든 것을 쏟아붓기 위해 즉
시 사용할 수 있는 간단하지만 강력한 목표 설정과 성취 과정은
다음과 같다.

1. 당신이 원하는 것을 즉시 결정하라

사람들은 대부분 이렇게 하지 못한다. 여러 가지를 원하지만
딱 하나를 특정하진 못한다.

성인이 된 후 삶에서 실패하는 것은 대부분 자신에게 이미 목
표가 있다고 생각하기 때문이다. 하지만 그들이 지닌 것은 목표
가 아니다. 바람이나 희망, 환상일 뿐이다. 하지만 진짜 목표는
분명하고 구체적이다.

2. 목표를 써라

글로 쓰지 않은 목표는 단지 소원이나 희망일 뿐이다. 목표는
'마감기한이 있는 꿈'이라고도 한다. 목표를 종이에 쓸 때, 그것
은 머릿속에서 밖으로 나와 분명하고 만질 수 있는 물체가 된다.
당신은 그것을 보고, 만지고, 읽을 수 있다. 전에는 목표가 큰 방
에 흩어지는 담배 연기처럼 형태나 실체가 없이 상상력이 만들

어낸 허구였지만, 이제는 엄연히 존재한다.

성인의 3%만이 종이에 쓰인 분명한 목표가 있고, 다른 이들은 모두 그들을 위해 일한다. 목표가 있는 이들은 은퇴하기 전까지 보통 사람보다 10배나 많이 벌고, 10배 많이 성취한다. 글로 쓰인 목표가 있는 사람은 보통 사람이 5년이나 10년 만에 이룰 일을 1년 동안 더 많이 성취할 때도 있다.

어떤 목표든 당신이 종이에 쓸 때마다 당신은 사실 당신의 무의식에 목표를 쓰고 프로그래밍하고 있다.

일단 목표를 썼다면 당신의 무의식은 이를 명령으로 받아들인다. 그리고 당신을 이 목표로 데려다 놓기 위해 당신이 잠을 자든 깨어 있든 하루 24시간을 일하기 시작한다. 글로 쓴 목표는 이렇듯 매우 강력한 힘이 있다.

3. 마감기한을 정하라

마감기한은 당신의 무의식을 '압박'한다. 그리고 당신의 무의식과 초의식의 힘을 어디로 조준해야 할지 알려준다. 목표를 종이에 쓰고 마감기한을 정한 후부터는 목표를 성취하는 데 필요한 단계를 차례차례 밟겠다는 동기부여가 어느 때보다도 단단히 다져져 있을 것이다.

마감기한이 있고 글로 쓰인 목표는 끌어당김의 법칙을 활성화한다. 당신은 당신의 목표를 향해 더 빨리 움직이도록 도와주는 사람들과 아이디어, 자원과 기회를 당신의 삶으로 끌어당기기 시작한다.

마감기한까지 목표를 성취하지 못하면 어떻게 될까? 간단하다. 마감기한을 다시 세우면 된다. 당신이 통제할 수 없고, 목표 성취를 뒷걸음질 치게 하는 많은 일이 일어날 수 있다. 그래도 아무 문제 없다. 목표를 다시 세우면 된다.

기억하라. 비현실적인 목표란 없다.

비현실적인 마감기한만 있을 뿐이다.

4. 목록을 만들어라

목표를 작은 부분으로 잘게 나눈다면 어떤 목표든 성취할 수 있다. 당신이 목표를 성취하기 위해 할 수 있다고 생각하는 모든 것을 적어라. 당신에게 필요한 사람들과 지식과 자원을 포함시켜라. 목록이 완전해질 때까지 계속 더해라.

목표를 성취하기 위해 당신이 할 수 있다고 생각하는 모든 것의 목록을 만드는 바로 그 행동이 목표를 이룰 수 있다는 당신의 믿음을 강화한다. 목록 작성은 당신에게 동기를 부여하고 당신을 자극한다.

5. 목록을 계획으로 정리하라

목록을 정리하는 첫 번째 방법은 시간순이다. 목표를 성취하기 위해 당신이 하나씩 밟아야 할 일종의 체크리스트를 만들어라. 종이에 만든 체크리스트로 점검하면 목표를 성취하는 속도가 5~10배 정도 증가할 것이다.

목록을 정리하는 두 번째 방법은 우선순위다. 무엇이 더 중요하고 무엇이 덜 중요한가? 당신의 목록에 있는 항목 중 20%는 성공의 80%를 차지한다. 그것이 무엇인가?

6. 계획대로 당장 행동하라

뭔가를 하라. 무엇이든 하라. 첫걸음을 떼라. 움직이기 전에는 아무 일도 일어나지 않는다. 당신이 움직이기 시작하면 변화도 시작된다.

7. 가장 중요한 목표를 위한 일이라면 무엇이든 매일 하라

일주일에 7일, 하루도 빼놓지 말고 하라. 당신이 어떤 일을 매일 하면 성공의 '가속도 원칙'이 일어난다. 첫걸음을 떼기 어렵고 목표를 향해 계속 나아가기 어렵겠지만 그 후에는 점점 더 쉬워지고, 점점 가속도가 붙는다. 그래서 목표를 향해 더 빨리 나아가고, 당신의 목표도 당신을 향해 더 빨리 다가온다. 게다가 첫 단계는 항상 잘 보인다.

목표 설정 연습

전 세계 수십만 명의 삶을 바꿔놓은 간단한 연습이 여기 있다. 간단하지만 매우 효과적이다.

1. 깨끗한 종이 한 장을 꺼내서 '목표'라는 단어와 함께 오늘 날짜를 페이지 맨 위에 써라. 그다음 앞으로 열두 달 안에 성취하고픈 목표 10개를 써라.

목표는 일주일 목표, 한 달 목표, 6개월 목표도 좋고 12개월 목표도 좋다. 하지만 모두 다음 1년간 성취하고자 하는 목표여야 한다. 1년 이내에 성취하려는 목표가 향후 5년이나 10년간 달성할 목표보다 동기부여가 더 잘되는 경향이 있다.

목표를 종이에 쓸 때는 3P를 사용해라. 목표를 반드시 개인적이고(Personal) 긍정적인(Positive) 내용으로 현재형(Present tense)으로 써라. 당신의 무의식은 목표가 이런 식으로 적절히 표현되었을 때만 작동한다. 각 목표는 '나는'으로 시작해서 현재형 동사로 연결되어야 한다.

예를 들어, 당신의 목표는 이렇게 쓰여야 한다. "나는 올해 12월

31일까지 OOO달러를 번다."

당신이 이미 그것을 이루었고, 당신이 이미 성취한 것을 다른 사람에게 설명하듯 써라. "나는 금연할 것이다"라고 쓰지 말고 "나는 비흡연자다"라고 써라. 처음 생각나는 10가지 목표를 현재형으로 쓰되, 개인적이고 긍정적으로 써라.

2. 일단 목표 10개의 목록을 만들었다면 이렇게 물어라. "이 목록에 있는 목표 중 내 인생에 가장 크게 긍정적인 영향을 미칠 목표는 무엇인가?"

이에 딱 들어맞는 목표는 항상 있기 마련이다. 당신 인생에 가장 크게 긍정적인 영향을 미칠 목표를 골랐다면, 바로 그것이 당신 삶의 '절대적 목표'가 된다.

3. 이 목표를 깨끗한 종이 맨 위에 쓰되, 개인적이고 긍정적인 내용으로 현재형으로 써라.

예를 들면, "나는 이 날짜까지 구체적으로 얼마를 벌겠다"라고 써라.

4. 이 목표를 성취하는 데 필요하다고 생각하는 모든 것을 목록으로 만들어라.

적어도 20개 이상 써라. 목록에 대해 명백한 답과 정반대의 답을 각각 써라. 목표를 성취할 수 있도록 당신이 취할 행동이 20개가 나올 때까지 계속 써라.

5. 목록의 처음부터 끝까지 당신이 할 수 있는 일들의 체크리스트를 만들어 계획으로 옮겨라.

6. 목록에 있는 첫 번째 항목을 즉시 행동으로 옮기고, 최대한 빨리 그 일을 끝내라.

7. 당신이 주요 목표를 향해 나아갈 수 있도록 목록에 있는 일들을 매일 하라.

절대 예외를 두지 말고, 일주일에 7일, 매일!

당신의 목표를 생각하라

'당신의 하루 중 대부분이 당신의 생각대로 된다'라는 위대한 진리를 기억하라. 매일 아침 일어날 때마다 당신의 목표를 생각하라. 온종일 목표를 생각하라. 저녁에 당신의 목표에 진전이 있었는지 돌아봐라.

당신이 목표를 더 많이 생각할수록, 더 많은 아이디어를 성취하게 될 것이다. 강렬한 목표지향성이 당신의 무의식과 초의식을 자극해 목표 달성을 향해 나아가게 한다. 목표에 관해 더 많이 생각하고 계획하고 노력한다면, 당신은 더 빨리 목표에 다가가고, 목표도 더 빨리 당신을 향해 움직일 것이다.

오늘부터 목표에 초점을 맞춘 사람이 되어라. 그러면 당신의 숨겨진 정신적 능력이 드러나 창의성을 자극하고, 에너지를 목표에 쏟아붓게 동기를 부여해 다른 어떤 행동보다도 앞으로 나아가는 데 더 많은 도움이 될 것이다.

1. 당신 삶의 한 영역에서 당신이 원하는 것이 무엇인지, 당신 삶에 긍정적인 영향을 가장 많이 줄 목표 하나를 정확히 정하라.

2. 목표가 이미 현실이 된 것처럼 개인적이고 긍정적인 목표를 현재형으로 써라.

3. 이 하나의 목표를 성취할 계획을 만들고, 목표에 가까이 다가가려면 매일 무엇인가를 하라.

95

05

◎

모든 일을 하겠다는 건,
아무 일도 하지
않겠다는 것이다

발전의 기치를 높이 들어 남들을 위한 기준과 이상을 세우는 사람은 자신의 천성에서 최고의 덕목을 반드시 찾으려 하고, 최고가 아니라면 어떤 것도 받아들이지 않으려는 사람들이다.

—오리슨 스웨트 마든

나는 인생의 두 번째 전환점을 20대에 만났다. 어느 날 주변을 돌아보니 일과 삶에서 나보다 훨씬 많은 것을 이뤄내고 있는 내 또래들이 많다는 사실을 알게 되었다. 그들은 나보다 더 좋은 옷을 입고, 더 좋은 직장에 다니며, 근사한 최신형 차를 운전했고, 심지어 집을 사고 가정을 이룬 사람도 있었다.

하지만 나는 오래된 차를 몰고 낡은 옷을 입은 채 영업사원으로 일하고 있었고, 물가가 너무 비싸다며 항상 돈 걱정을 했다.

이것은 좋은 생활방식이 아니다.

"왜 어떤 사람들은 남들보다 더 성공할까?"

두 번째 전환점은 이 질문에서 시작되었다.

05_ 모든 일을 하겠다는 건, 아무 일도 하지 않겠다는 것이다

이 질문이 내 인생을 바꿨다. 그래서 나는 그 대답을 찾으려고 탐색을 시작했고, 지금까지 계속하고 있다.

"구하라. 그러면 얻을 것이다. 찾는 이는 찾아낼 것이다." 내가 이렇게 물었을 때, 마치 쇳가루가 자석에 끌리듯 대답이 내게 오기 시작했다.

가장 귀중한 자산

금전적인 관점에서 대답은 간단하고, 확실했으며, 분명했다. 월급을 많이 받는 사람은 생산성이 더 높다. 그들은 보통 사람들보다 시간을 더 잘 사용한다. 그들은 사람들이 기꺼이 돈을 낼 만큼 더 많고 더 좋은 결과를 얻어낸다. 그들은 점점 더 큰 가치가 있는 일을 점점 더 많이 하느라 점점 더 많은 시간을 보낸다.

여기서 질문. 당신에게 가장 귀중한 금융 자산은 무엇인가? 내가 이 질문을 처음 들었을 때는 대답이 분명히 떠오르지 않았다. 나중에 그것이 '소득 능력'임을 알았다.

당신이 돈을 버는 능력은 당신에게 가장 귀중한 금융 자산이다.

당신은 직장과 집, 자동차와 모든 예금, 투자금을 잃고 달랑 옷 한 벌만 걸친 채 거리에 나앉게 될지도 모른다. 하지만 당신에게 여전히 소득 능력이 있다면 당신은 그 모든 것을 되찾고 심지어 더 벌 수도 있다. 이것이 전설이라 불리는 많은 성공한 사람들에게 여러 번 일어난 일이다.

왜 〈포춘〉이 선정한 500대 기업의 CEO들은 연평균 1,000만 달러 이상을 벌까? 그들은 회사가 자기 월급의 몇백 배나 되는 수익을 낼 수 있도록 자신의 소득 능력을 발달시켰기 때문이다. 그들은 몇백만이나 몇십억 달러의 이윤을 창출하는 능력을 증명해 보였으므로 회사는 그들에게 기꺼이 돈을 지급한다. 만약 그들이 어떤 이유로 직업을 잃더라도 다른 대기업에 즉시 고용되어 매년 1,000만 달러나 그 이상의 임금을 받을 것이다.

소득 능력

당신의 소득 능력이란 사람들이 당신에게 대가를 지급할 만한 결과를 얻어내는 능력이다. 소득 능력은 당신이 직장에 가서 시간을 투자해 '다른 아이들과 잘 노는' 능력이 아니다. 그것은 주어진 일을 정해진 시간과 예산 안에 빠르고 믿음직하게 끝내는 능력이다.

직장에서의 모든 성공은 단 하나의 결과, 즉 업무 완수로 요약할 수 있다. 결국 많은 업무를 일관되고 믿을만하게 끝내는 능력이 당신을 당신의 조직에서 귀중하고 꼭 필요한 인재로 만든다.

성공한 사람들은 점점 더 가치가 높은 일, 점점 더 큰일을 완수하며 능력을 키워간다. 그렇게 그들은 '믿고 맡기는 인재'라는 명성을 쌓는다.

사람들은 이렇게 말할 것이다. "그 일을 빨리 제대로 끝내고 싶으면 그 사람에게 주세요."

80/20 법칙

80/20 법칙은 업무의 세계에서도 적용된다. 20%의 사람들은 자신의 가치를 꾸준히 올려 더 높은 지위로 승진하고 돈도 더 많이 버는, 이른바 출세 가도를 달린다. 모든 분야에서 나머지 80%의 직장인은 직장에서 시간만 보낸다. 그들은 출근 시간에 아슬아슬하게 직장에 도착해서는 퇴근 시간이 되자마자 자리에서 일어난다. 직장에 있는 동안에도 출세 가도에 있는 사람들과 비교해 시간을 제대로 활용하지 못한다.

한 구인업체의 조사에 따르면 직원들은 근무 시간의 무려 50%를 낭비한다고 한다. 그들은 근무 시간 대부분을 동료들과 한가한 잡담을 하는 데 낭비한다. 또한 이메일에 답하고, 때때로 소셜미디어에 들어가고, 문자 메시지에 답하고, 전화를 받는

등 쉴 새 없이 울리는 전자기기들에 정신을 뺏기며 시간을 낭비
한다.

사람들은 지각하거나 조퇴하고, 티타임과 점심시간을 연장해
가며 시간을 낭비한다. 신문을 읽고 개인적인 일을 처리하며 일
반적으로 낮은 업무성취도를 보인다.

낮은 성과의 뿌리

왜 그럴까? 어린 시절에 생긴 습관의 결과다. 우리가 처음으
로 일을 접했던 순간은 학교에 갈 때다. 학교에 처음 간 아이는
또래 아이들과 무엇을 할까? 그냥 논다!

대여섯 살 무렵부터 학교는 아이들에게 놀이터가 된다. 해가
거듭될수록 아이는 학교 시스템을 거치며 발전해 등교 전과 학
교에 있는 동안, 하교 후와 주말까지 다른 아이들과 어울려 놀면
서 사회적 교류를 쌓는 데 주로 초점을 맞춘다.

그런 다음 막 성인이 된 젊은이들이 학교를 졸업하고 처음으
로 직장에 출근한다. 새 직장에서 주위를 둘러보니 처음 눈에 띄
는 것이 또래 젊은이들이다. 또래 친구들과 무엇을 하겠는가?
그냥 논다!

습관의 결과

습관의 결과, 거의 자동으로 직장은 학교의 연장이 된다. 직장은 성인들의 놀이터다. 보통 사람은 오전 11시까지는 실제로 일을 시작하지 않다가, 그때부터 천천히 일하기 시작해서 오후 3시 30분쯤 하루 일을 마무리 짓는 것으로 추정된다. 그 사이 대부분 시간을 친구들과 노는 데 보낸다.

하지만 이런 일상은 당신에게 좋지 않다.

친구들과 온종일 놀면서 시간을 낭비하는 것은 미래가 거의 없는 사람들이나 하는 짓이다. 하지만 당신은 다르다. 당신은 직장에서의 성공과 성취를 삶에서 당신의 목표를 성취할 발판으로 여긴다. 당신이 명심해야 할 당신의 목표는 몸담은 회사에서 가장 열심히 일하는 직원이라는 명성을 얻는 것이다.

당신은 언제 일하고 있는가?

일단 회사에 있다고 실제로 일하고 있는 줄 착각하는 직장인이 많다. 하지만 당신이 중요한 업무를 시작해서 끝내고 있을 때만 당신은 일하는 것이다. 당신의 회사가 수익을 창출하고 가치를 만들길 원하고, 그래야만 하는 사업에서 당신이 그런 결과를 끌어낼 때만 당신은 일하는 것이다.

성공한 사람들은 가치가 더 높은 일을 위해 더 많은 시간을 보낸다. 반면 보통 사람들은 가치가 낮은 활동을 하느라 대부분의 시간을 허비한다.

시간 관리에 관한 모든 가르침은 결국 자신에게 이렇게 묻고 대답하라고 요약된다. "바로 지금 내 시간을 어디에 써야 가장 소중하게 쓸까?" 이 질문을 하고 정확하게 대답하는 능력이야말로 다른 어떤 요인보다 직장에서의 성공을 결정짓는다.

시작했다면 계속 밀어붙여라

당신이 일단 시작해서 앞에 놓인 가장 중요한 업무를 완수할 때까지 계속 나아가기 위해서는 일련의 전략, 전술, 방법이 필요하다. 시간을 효과적으로 관리하고 최고의 결과를 얻으려면 당신이 전념할 분명한 목표부터 시작해야 한다.

규칙적으로 자신에게 묻고 답할 핵심 질문들은 다음과 같다.

1. 나는 무엇을 하려고 하는가?
2. 그것을 어떻게 할 것인가?
3. 일이 어떻게 되어가고 있는가? 내가 원하는 결과를 얻고

있는가?

4. 내 가설은 무엇인가?

5. 내 가설이 잘못되었다면 어떻게 할 것인가?

6. 원하는 결과를 얻는 더 좋은 방법이 있지 않은가?

7. 이 일을 다시 시작한다면 무엇을 다르게 하겠는가?

일단 당신에게 가장 중요한 목표와 목적, 최우선순위를 분명히 정했다면, 당신에게 가장 중요한 업무가 제시간에 처리될 수 있도록 증명된 방법과 기술을 매일 사용하면 된다.

시간 관리 도구

가장 효과적인 시간 관리 도구는 목록이다. 우선 주요 목표를 성취하기 위해 해야 할 모든 일을 체크리스트로 만들어라. 직장에서는 그날 성취하고 싶은 모든 일을 목록으로 만드는 것부터 시작하라.

이상적으로는 전날 밤 하루 업무가 끝났을 때 업무 목록을 만드는 것이 가장 좋다. 이렇게 다음 날 계획을 작성하면 당신이 자는 동안 당신의 무의식이 목표 목록에 맞춰 일한다. 그래서 아침에 잠에서 깼을 때 중요한 업무를 더 빨리 끝내기 위한 아이디어가 떠오르고 통찰력이 생기는 경우가 종종 있을 것이다.

당신이 전날 밤 목록을 작성할 수 없다면, 아침에 제일 먼저 당신이 해야 할 일은 종이에 하루 계획을 쓰는 것이다. 그날 성취하려는 모든 일을 목록으로 만들어라. 처음부터 목록에 쓰여 있지 않은 일은 어떤 것도, 전화 한 통이라도, 하지 마라.

목록에 쓰인 대로 일하기만 하면 실행에 옮긴 첫날 당신의 생산성을 25~50% 높일 수 있다.

1. 이메일을 확인하지 마라

아침에 일어나자마자 이메일부터 확인하지 않도록 습관을 들여라. 이메일 중독을 고치면 생산성이 2~3배 높아진다. 이메일을 하루에 두 번, 오전 11시와 오후 3시에만 확인하겠다고 결심하라. 이메일이 왔다는 알람을 차단하라. 대부분 나중에 처리해도 되고, 심지어 훨씬 나중에 처리해도 되는 문제다. 아무 때고 연락하는 사람들의 노예가 되지 마라.

2. 목록에서 우선순위를 정하라

일단 목록을 준비해 그날 처리할 업무의 윤곽을 잡았다면, 일을 시작하기 전에 세 가지 방법으로 목록에서 우선순위를 정해야 한다. 이는 당신의 생산성과 성과, 생산량을 급격히 증가시킬 수 있는 또 다른 훈련이고 습관이다.

먼저 당신의 하루 업무와 활동에 80/20 법칙을 적용하라. 당신이 낸 결과의 80%가 당신 목록에 있는 항목의 20%에서 나온다는 사실을 기억하라. 당신이 하루에 해야 할 일이 10개가 있다면, 그중 2개는 다른 8개를 합한 것보다 더 많은 가치가 있을 것이다. 그것이 무엇인가?

3. 업무를 분류하라

ABCDE 방법을 사용해 업무를 분류하라. 각 활동에 '결과'라는 개념을 적용하라. 시간 관리에서는 잠재적 결과가 심각한 일이 중요한 일이다. 중요치 않은 일은 결과의 가치가 낮거나 거의 없는 일이다. 행동하기 전에 생각하라.

- **A: 반드시 할 일.** 이 일을 할 때와 하지 않았을 때 잠재적 결과의 차이는 엄청나다. 목록에 있는 가장 중요한 일 옆에 A라고 써라.
- **B: 해야 할 일.** 이 일을 할 때와 하지 않았을 때 결과의 차이가 조금 있지만, A 업무만큼 중요하진 않다.
- **C: 하면 좋은 일.** 어떤 결과를 발생시키지 않는다. 커피를 마시며 쉬거나, 동료와 잡담을 나누거나, 소셜미디어를

확인하는 일과 비슷하다.

- **D: 남에게 맡길 일.** 당신이 가장 잘할 수 있고, 당신에게 가장 중요한 일을 할 시간을 내려면 당신이 할 수 있는 업무를, 심지어 좋아하고 즐기는 업무라 해도, 남에게 맡겨야 한다.
- **E: 하면 안 되는 일.** 가치가 낮거나 전혀 없는 업무와 활동은 하지 않으려 애써야 한다.

일단 업무별로 옆에 알파벳을 붙였으면, 쭉 훑어보면서 가장 중요한 A 업무 옆에 A-1, A-2, A-3라고 써라. 그런 다음 똑같은 방식으로 B-1, B-2, B-3 등을 붙이면 된다.

여기서 규칙은 A 업무를 아직 끝내지 못했다면 절대 B 업무를 하면 안 된다는 것이다. 당신의 A-1 업무를 즉시 시작하라. 일단 이렇게 우선순위를 정했으면, 목록에 있는 나머지 일들은 A-1 업무에 비교하면 시간 낭비일 뿐이다.

70%의 규칙을 실천해라. 다른 사람이 어떤 일을 당신만큼 잘할 수 있다면, 그 사람에게 그 일을 넘기고 맡겨라. 우리는 예전에는 했었지만 지금은 성취하려는 결과에 중요치 않은 일들, 말하자면 가치가 낮거나 전혀 없는 일을 하는 데 익숙해진다. 안도감 때문이다.

05_ 모든 일을 하겠다는 건, 아무 일도 하지 않겠다는 것이다

A 업무를 다 끝낼 때까지 한 번에 하나씩 그 일에만 집중하라.

3의 법칙

가장 강력하고 생산적인 시간 관리 도구 중 하나가 '3의 법칙'에 들어 있다. 이 법칙은 당신이 하는 업무 중 단 세 가지가 당신의 회사와 자신에게 기여하는 가치의 90%를 차지한다고 말한다. 다른 모든 업무는 기타 10%에 해당한다.

나는 내 고객들에게 그들이 일주일이나 한 달에 하는 일을 큰 일이든 작은 일이든 모조리 적어서 목록으로 만들라고 요청했다. 사람들은 대부분 20~30가지의 일을 했다. 50~60여 개나 되는 목록을 들고 돌아온 사람도 있었다!

일단 목록을 만들었으면 다음 세 가지 질문을 하라.

1. 내가 온종일 목록에 있는 일 중 딱 하나만 할 수 있다면, 어떤 활동이 회사와 나 자신에게 가장 크게 기여할까?

이 답은 보통 목록에서 금방 눈에 띌 것이다. 대개 답은 분명하며 확실하다. 그리고 그것이 무엇이든, 당신은 이 답을 꼭 알아야 한다. 당신이 하는 가장 소중한 일이 무엇인지 명명백백히 알지 못하면 생산적인 사람이 될 수 없다.

중요한 일을 중요한 일답게 만들어라

한 대기업 회장과 개인적으로 전략기획 연습을 하고 있을 때였다. 회장은 온종일 자신이 하는 일 중에서 가장 중요한 일을 꽤 분명히 알고 있다고 말했다. 하지만 더 깊이 토론할수록 회장이 틀렸다는 것이 드러났다. 물론 틀림없이 중요한 업무였지만, 그가 할 일은 아니었다. 회장의 시간을 가장 소중하게 사용할 업무는 완전히 다른 일이었다.

이를 계기로 회장은 자신의 업무와 회사의 방향을 바꿨다. 그로부터 열두 달 후, 사원 모두가 '3의 법칙'을 실천한 결과 그 회사는 판매량과 이윤이 2배나 늘었다.

2. 내가 이 목록에서 온종일 단 두 가지밖에 할 수 없다면, 두 번째로 할 일은 무엇인가?

자신에게 이 질문을 던질 차례다. 이 질문은 대답하기 늘 쉬운 것은 아니다. 당신은 직장 상사, 동기들, 동료들과 마주 앉아 그들의 조언을 들어야 할 때가 많을 것이다. 당신은 어떤 업무가 더 중요하다고 쉽게 결론짓겠지만, 당신과 직장 동료들에게는 당신이 하는 다른 일이 훨씬 더 중요할 수도 있다.

3. 내가 이 목록에서 온종일 단 세 가지밖에 할 수 없다면, 세 번째로 할 중요한 업무는 무엇인가?

혹시 잘 모르겠다면 주변 사람들에게 다시 물어라. 어떤 사람들은 당신이 질문하자마자 분명하게 대답할 것이다. 대답을 잘 모르는 사람들도 있을 것이다. 하지만 당신은 이 질문들의 답을 꼭 알아야만 한다. 당신이 답을 모른다면, 가치가 더 적은 일이나 심지어 전혀 없는 일을 하느라 시간을 낭비할 위험에 빠진다.

3의 법칙의 필연적 결과

일단 당신의 '빅3'를 정했으면, 당신의 생산성과 성과를 2~3배 늘리기 위해 간단한 원칙을 지켜라.

1. 일을 더 적게 하라. 당신은 해야 할 일을 절대 모두 해낼 수 없다. 따라서 삶을 통제할 수 있는 유일한 방법은 가치가 낮은 일을 하지 않는 것이다.

2. 더 중요한 일을 하라. 당신에게 가장 중요한 세 가지 업무 중 하나 이상을 하라.

3. 당신에게 가장 중요한 업무들을 하는 데 더 많은 시간을 써라. 할 수 있다면 온종일 그 일을 하라.

4. 가장 중요한 업무라면 더 잘하라. 성공하기 위해서는 꾸준한 학습과 자기 발전이 필수적이라지만, 어떤 영역에서 어떻게 해야 하는가? 정답: 가장 중요한 업무들을 처리할 때 원하는 결과를 더 잘 성취하라.

궁극의 질문

시간 관리에 관한 최고의 질문은 "내가 무엇인가를 특히 잘한다면, 어떤 일을 잘해야 직장에서 지금과 가장 큰 차이를 만들수 있을까?"이다.

이 질문의 답은 늘 있다. 당신만이 할 수 있는 일 중에 제대로 처리되면 엄청난 차이를 보일 일이 무엇인가? 질문의 답이 무엇이든, 당신은 대부분의 시간을 그 일을 하며 보내야 한다. 그 일이 아마 거의 늘 당신의 '빅3'중 하나일 것이다.

그날 해야 할 업무 목록을 검토하고 이렇게 물어라. "내가 한 달간 해외에 나가 있어서 목록에서 한 가지 일밖에 못 한다면 어떤 업무를 확실히 끝내고 싶은가?"

이 질문의 답이 무엇이든 그 일은 당신이 아침에 일어나자마자 시작해야 하는 일일 것이다.

미루는 습관 극복하기

당신에게 가장 가치 있는 훈련은 가장 중요한 일을 미루지 않고 지금 당장 시작하는 연습이다.

하지만 누구나 할 일을 미룬다. 생산적인 사람들도 비생산적인 사람들과 똑같이 할 일을 미룬다. 그렇다면 차이는 무엇일까? 생산적인 사람들은 가치가 낮은 일들을 미룬다. 그들은 '창의적인 미루기'를 한다. 생산적인 사람들은 나중에 해도 좋은 일들을 의식적으로 결정해 미룬다.

비생산적인 사람들은 가치가 높은 일들을 미룬다. 자신의 회사와 경력에 엄청난 차이를 가져올 몇 안 되는 일들을 미루고 만다.

미루는 습관을 없앨 수 있다고 증명된 방법들은 다음과 같다.

1. 일을 시작하기 전에 해야 할 일을 모두 목록으로 만들어라.
2. 당신에게 가장 중요한 업무를 선택해서, 그 특정 업무를 끝내기 위해 당신이 밟아야 할 단계를 모두 목록으로 만들어라.
3. 큰 업무를 작은 일로 쪼개서 그것만 처리하라. 이렇게 하면 큰 프로젝트를 시작할 수 있고, 미루는 습관도 사라질

것이다.

4. 주요 업무의 일부분만 골라서 그것만 당장 끝내겠다고 결심하라. 이렇게 하면 미루는 습관이라는 댐이 무너져 더 큰일을 시작하게 될 때가 많다. 알란 라킨은 5분 안에 즉시 처리할 수 있는 작업부터 시작하라고 조언했다.

5. 자신에게 보상하라. 목록에 있는 하위 업무 중 하나를 끝내면 커피 한 잔이나 짧은 휴식과 같은 구체적인 보상을 자신에게 해주어라.

6. 10분 단위로 일해라. 전체 업무를 어떻게 끝내나 걱정하지 말고, 일단 시작해서 10분간 전력을 다해 일하겠다고 결심해라.

7. 일을 시작할 때 필요한 모든 것을 갖추어라. 일할 준비를 하는 행동이 종종 일 자체를 시작하게 하기도 한다.

8. 큰 업무에는 80/20 법칙을 적용해라. 업무의 처음 20%에 전체 업무 가치의 80%가 들어 있다. 20%를 먼저 하겠다고 결심하면, 업무를 미루는 습관도 어느 정도 극복할 수 있을 것이다.

직장에서 성공하는 비결은 업무 완수다. 이를 위한 가장 강력한 시간 관리 기법은 '한 번에 하나씩 처리하기'일 것이다.

일단 가장 중요한 일을 시작했으면 완수할 때까지 그 일에만 초점을 맞추고 100% 몰입하는 훈련을 해야 한다.

결과에 집중하라

매일 아침 가장 중요한 업무부터 우선 시작하고 끝내는 습관이 당신의 삶을 바꾼다. 업무를 완수하면 자연이 선물한 '행복해지는 약' 엔도르핀이 뇌에서 방출된다. 엔도르핀은 창의력을 높여주고 성격을 개선하며 동기를 부여하고 에너지를 준다. 엔도르핀 덕분에 당신은 더 힘이 넘치고 생산적인 기분이 든다.

당신이 아침에 중요한 일부터 시작해서 끝내면 자신을 그 '쾌감대'로 몰고 간다. 실제로 온종일 더 많은 일을 더 빨리, 그것도 아주 잘 해내며 높은 성취도를 보일 것이다.

계속 물어라. "남들이 내게 기대하는 결과는 무엇인가?"

당신이 성취할 수 있는 모든 결과 중 당신의 경력에 가장 큰 도움이 되므로 빨리 그리고 잘 해내야 하는 가장 중요한 일은 무엇인가?

질문의 답이 무엇이든 즉시 그 일을 시작해서 완전히 끝낼 때까지 계속하라. 이런 습관을 들이면 당신의 직장과 업계에서 가장 생산적인 사람들의 반열에 금방 오르게 될 것이다.

1. 생각을 종이에 옮겨라. 업무 목록을 써라. 항상 목록에 있는 일을 하고, 체크리스트를 활용하면 훨씬 더 좋다.

2. 당신이 회사와 자신에게 기여하는 가치의 90%라 할 수 있는 가장 중요한 업무 '빅3'를 정해라.

3. 아침마다 당신의 시간을 가장 귀중하게 쓸 수 있는 일을 즉시 시작해서 100% 완수할 때까지 계속해라.

06

◎

운전대를 잡아라
조수석에서 할 수 있는 것은
불평뿐이다

남들이 당신에게 요구하는 기대치보다 더 높은 기준을 자신에게 적용하라. 자신에게 절대 변명하지 말고, 동정하지 마라. 자신에게는 혹독한 주인이 되고, 남들에게는 관대한 사람이 되어라.

—헨리 워드 비처

모든 시대를 통틀어 가장 위대한 철학자인 아리스토텔레스는 인류 역사상 누구보다 인간을 광범위하게 연구했다. 그는 인간의 궁극적인 목표는 행복이라고 결론 내렸다. 아리스토텔레스는 인간이 하는 모든 행동은, 각자 그것을 무엇이라 정의하든, 더 큰 행복을 성취하는 데 목적이 있다고 말했다.

　당신은 좋은 직업을 얻고 싶다. 왜? 돈을 더 많이 벌기 위해서다. 왜? 가족을 부양하고 더 멋진 삶을 누리고 싶어서다. 왜? 개인적, 경제적 안정감을 얻기 위해서다. 왜? 그래야 행복해질 수 있으니까.

성공의 진정한 척도

당신이 삶에서 얼마나 성공했는지의 진정한 척도는 대개 당신이 얼마나 행복한가이다. 당신이 부유하고 유명한 유력인사지만 행복하지 않다면, 당신은 인간으로서 자신에게 기본적인 책무를 다하지 못한 셈이다.

인간의 모든 활동은 각자 그것을 무엇이라 정의하든, 더 큰 행복을 성취하는 데 목적이 있다. 그렇다고 모든 행동이 행복을 불러온다는 뜻은 아니다. 많은 사람이 행복을 얻으려다 삶을 엉망으로 만들고, 결국 아무것도 하지 않았을 때보다 더 불행하고 불만족스러운 삶을 산다. 이것들이 '의도치 않은 결과의 법칙'과 '기대에 어긋나는 결과의 법칙'이다.

성공한 사람들은 대개 긍정적으로 생각한다. 결과적으로 그들은 더 행복하고 상냥하고 인기 있으며, 보통 사람들보다 삶에서 진정한 즐거움을 더 많이 끌어낼 수 있다.

부정적으로 생각하는 사람은 적대적이고 의심이 많다. 그들은 남을 믿지 못하고, 대부분 자신에게 부정적인 일들이 일어날 것이라 예상한다. 부정적인 사람들은 성격도 부정적이라 자신과 주변 사람들에게 모두 매우 비판적이다. 어떤 일이 일어나든 그들은 좀처럼 만족하지 못한다. 부정적인 사람들에게 삶은 자신에게 통제권이 거의 없고 할 수 있는 일이 아무것도 없는 문제와 어려움의 연속이다.

여러 해 전 "왜 어떤 사람들은 남들보다 더 성공하고 더 행복할까?"라고 물었을 때, 나는 긍정적인 감정과 부정적인 감정의 차이를 연구하기 시작했다. 그리고 내가 발견한 것이 내 인생을 영원히 바꿔놓았다.

내가 발견한 것은, 사람마다 정의가 다를 수는 있겠지만, 누구나 행복하길 원한다는 사실이었다. 행복의 주요 장애물은 부정적 감정이다. 부정적 감정은 인간의 삶에서 사실상 모든 문제의 뿌리에 놓여 있다. 당신에게 부정적인 감정을 제거할 방법이 있다면, 인류 문제의 대부분을 제거할 수도 있다.

이렇게 할 방법이 하나 있다. 우리는 본능적으로 빈 곳을 혐오한다. 당신이 부정적인 감정을 제거하면, 당신의 마음은 저절로 긍정적인 감정으로 채워진다. 당신이 부정적인 감정을 제거할 때, 온전히 제 역할을 하는 사람이 된다. 당신이 부정적인 감정을 제거할 때, 당신의 잠재력도 온전히 활용할 수 있다.

따라서 삶에서 우리가 할 가장 중요한 일은 부정적인 감정을 없애는 것이다.

당신의 정신은 긍정적이든 부정적이든 한 번에 한 가지 생각 밖에 하지 못한다. 하지만 긍정적인 생각이나 감정을 처음부터 붙잡으려 하지 않으면 부정적인 생각이나 감정이 당신의 마음을 채운다. 부정적인 생각은 쉽고 자동적인 경향이 있어서 대부분 사람에게 뇌의 기본 설정과 같다.

긍정적 생각이 삶과 환경에 대한 습관적 반응이 될 때까지는 사실 노력과 결단력이 필요하다. 하지만 다행스럽게도 당신은 학습과 연습을 통해 전적으로 긍정적인 사람이 될 수 있다.

부정적인 감정을 없애는 출발점은 그 감정이 처음에 어디서 왔는지를 이해하는 일이다. 좋은 소식은 두려움이나 부정적인 감정을 지니고 태어나는 사람은 없다는 사실이다. 모든 두려움과 부정적 감정은 자라면서 성격이 형성되는 시기에 학습되는 것이 틀림없다. 그리고 학습된 부정적 감정은 학습을 통해 다시 기억에서 지울 수도 있다.

부정적 감정이 사람들과 상황에 반응하고 응답하는 습관적 방식이라면, 건설적인 방식으로 응답하고 반응하는 습관으로 바꿀 수 있다. 단지 선택의 문제일 뿐이다.

실패와 비난의 두려움

아이들은 두 가지 놀라운 특성을 타고 나는데, 하나는 겁이 없다는 것이고 또 하나는 즉흥적이라는 것이다. 신생아에게는 두려움이 전혀 없다. 아기들은 자라면서 아무리 위험한 물건이라도 만지고, 맛보고, 시험해본다. 그래서 부모들은 아이가 태어나고 처음 몇 해는 아기가 잘못되지 않게 잘 살펴야 한다.

아기는 또한 즉흥성을 타고난다. 아기는 하루 24시간 아무런 제한이나 거리낌 없이 웃고, 울고, 대소변을 보고, 자신을 표현한다. 아기들은 남들의 반응이나 응답을 걱정하지 않는다. 신경조차 쓰지 않는다.

아이들이 실패의 두려움과 비난의 두려움을 학습하는 주된 원인은 부모들의 '실수'다. 부모는 아기의 행동을 제한하고 억제하려고 이렇게 말한다. "안 돼! 그만해! 그렇게 하지 마! 거기서 나와!" 그리고 심지어는 자신의 세계를 겁 없이 탐험했다는 이유로 신체적인 벌을 받게 되고, 그러면 아이는 곧 자신이 작고 무능하다는 믿음을 갖게 된다. 얼마 지나지 않아 아이는 손을 뻗어 새로운 것을 시도하려 하지 않는다. 아이는 새롭거나 어려운 일에 직면하면 "나는 못해, 나는 못해, 나는 못해"라고 말하기 시작한다.

"나는 못해"라는 느낌은 바로 실패의 두려움으로 바뀐다. 어른이 되면 실패의 두려움은 상실이나 가난으로의 집착이 된다. 어른들은 돈과 시간을 잃을까 봐, 안정감과 남들의 인정을 잃을까 봐, 소중한 누군가의 사랑을 잃을까 봐, 건강을 잃을까 봐, 가난해질까 봐 두려워한다.

실패에 대한 이런 일반적인 두려움은 그 아이의 잠재력과 성인이 된 후의 잠재력에 브레이크와 같은 역할을 한다. 그것은 어른의 삶에서 성공의 가장 큰 장애다.

어린아이들은 또한 타고난 즉흥성도 잃는다. 부모들이 원하는 대로 아이가 행동하지 않으면 부모들은 화를 내고 훈계한다. 그러면 아이는 '엄마 아빠가 원하는 대로 해야 해. 그렇지 않으면 나를 사랑하지 않을 거야'라고 생각하기 시작한다. 아이들에게 부모의 사랑과 부모가 주는 안정감은 자기 존재의 최고 관심사이므로, 아이들은 사랑을 잃을 수도 있다는 위협에 겁을 먹고, 행동하기 전에 생각하거나 애정의 상실을 초래하는 행동은 무엇이든 삼간다.

심리학자들은 성인이 된 후 겪는 대부분 문제가 어린 시절 '애정결핍'에서 기인한다는 데 일반적으로 동의한다. 성인의 성격을 비뚤어지게 하는 가장 강력하고 깊은 원인은 어린 시절 사랑받지 못한 '애정결핍'에 있다.

부정적인 어린 시절은 부정적인 성년을 초래한다. 장미가 비를 맞아야 하듯 아이들은 사랑이 필요하다. 끝없이, 끊임없이 조건 없는 사랑을 받지 못하면 아이는 자라서 감정적으로 상처받기 쉽고, 곧 모든 종류의 부정적인 감정에 예민해진다.

결손 욕구와 실존 욕구

자아를 실현한 사람들의 성격 유형을 연구한 심리학자 에이브러햄 매슬로는 성인의 98%가 '결손 욕구'의 지배를 받는다고 결론 내렸다. 사람들은 자신의 잠재력을 온전히 실현하려 노력하지 않고 오히려 스스로 부족한 부분을, 특히 '자격이 없다'는 생각과 '나는 잘 못해'라는 느낌을 보상하려고 평생을 애쓴다.

매슬로는 단지 2%의 성인만이 '실존 욕구'를 경험한다고 말했다. 그는 '실존 욕구'를 인생에서 자신의 잠재력을 충분히 실현하고 성장하고자 하는 욕구와 자신감이라 정의했다. 그는 이런 사람들을 우리 사회에서 '자아를 실현하는' 사람들이라 불렀고, 그들에게는 높은 자긍심과 자신감이 있다고 특징지었다.

형이상학자 피터 우스펜스키와 게오르기 구르지예프는 부정적 감정의 근원과 원인을 찾아서 제거하도록 돕는 사상 체계를 개발했다. 무려 100년 전 일이다!

그들은 현대 심리학자들이 주장한 바와 똑같이, 부정적 감정이 제거된다면 완전히 성숙하고 제 역할을 하며 전적으로 긍정적이고 자아를 실현하는 인간만이 남을 것이라고 결론지었다. 이런 상태에 도달하는 것이 대부분 사람의 삶의 목표일지도 모른다.

그렇다면 성인의 삶에서 부정적 감정의 근본 원인은 무엇일까? 몇 가지가 있다. 이제 차례로 그것들을 살펴보자.

부정적 감정의 근원

1. 합리화

부정적 감정은 우리 삶에서 일어나는 불쾌한 행동이나 상황을 잘 해명하려고 할 때 생겨난다. 합리화는 '올바르지 않은 행동을 올바르다고 해석하는 것'으로 정의된다.

우리는 진정으로 바라는 성공과 행복을 누리지 못하도록 만드는 부정적인 행동들을 합리화하고 해명하려 한다. 예를 들어, 정직하지 못한 행동을 "남들도 다 그래"라고 말하며 합리화한다. 비만을 "유전자나 호르몬 때문이야"라고 말하며 합리화한다. 우리는 게으름, 지각, 자기 관리 부족, 나쁜 업무 습관을 "그게 바로 나야"라고 말하며 합리화하고, 절대 개선할 필요가 없도록 자기보다 훨씬 일을 못하는 사람들과 비교하며 자신에게 유리한 쪽으로 해석한다.

우리가 부정적인 행동을 계속 합리화할수록 더 불행해지고 더 불만족스러워져 삶에서 어떤 발전도 이룰 수 없다.

2. 정당화

부정적 감정은 우리가 부정적인 행동을 어떤 식으로든 해명하며 정당화할 때도 발생한다. 우리는 자신에게 (그리고 자기 말을 듣고 있을 누군가에게) 이렇게 말하며 부정적 감정을 정당화한다. 어딘가에 있는 다른 누군가가 우리에게 (또는 다른 사람에게) 나쁜 짓을 했기 때문에 우리가 이런 부정적 감정을 느끼는 것이 당연하다고 말이다.

우리는 정당화하며 우리와 남들의 삶에 일어나는 문제의 원인을 공들여 만들어낸다. 당신이 부정적인 감정이나 행동을 정당화하지 않으면 그런 감정은 즉시 멈출 것이다.

3. 섣부른 판단

우리가 느끼는 많은 부정적인 감정은 다른 사람을 판단하는 경향에서 온다. 우리는 실제로 자신을 판사나 배심원, 집행인으로 여긴다. 우리는 다른 사람이 어떤 일을 저지르거나 하지 않았다는 이유로 그에게 잘못이 있다고 판단하고, 잘못된 행동을 비난하며 그에게 판결을 내린다.

그래서 "비판을 받지 아니하려거든 비판하지 말라"라는 교리가 성경과 다른 종교 경전에서 가장 중요하게 여겨진다. 당신이 어떤 이유에서든 남들을 판단하고 비난하며 그들이 잘못했다고 생각할 때, 당신은 그 순간부터 그들을 부정적인 방식으로 보고 생각하며 느끼게 된다.

성경은 "너희가 비판하는 그 비판으로 너희가 비판받을 것이다"라고도 말한다. 이는 당신이 다른 사람을 판단하고 비난할 때, 실제로는 자신을 판단하고 비난한다는 뜻이다. 당신이 그에게 잘못이 있다고 생각해 그에게 부정적 감정을 느낄지라도, 실제로는 그만큼 (또는 그보다 훨씬 많이) 자신을 향해 부정적인 감정을 느낀다.

대부분의 경우에 다른 사람은 당신이 이렇게 남을 판단하고 비난하는 감정을 느끼고 있는지도 모른다. 당신이 화가 난 대상은 아무런 관심조차 없다.

4. 과민성

어린 시절에 거부당하고 비난받았던 느낌이 발달해 어른이 되었을 때 남들의 생각과 감정, 행동에 과민해지는 사람을 흔히 볼 수 있다.

우리는 실제로는 일어나지 않은 비난과 모욕을 당했다고 여긴다. 우리는 남들이 어떻게 생각할지, 우리를 어떻게 여길지에 지나치게 예민하다. 우리는 남을 불쾌하게 하거나 인정받지 못할까 봐 너무 걱정한 나머지 종종 가장 이익이 되는 행동을 하지 못하거나 망설인다.

업무나 사업을 할 때, 자신의 가족이나 업계 사람들에게 물어보고 압도적인 찬성을 얻지 못하면 어떤 결정도 내리지 못하는 사람들을 계속 만난다. 극단적인 형태의 과민성은 실제로 사람들을 마비시켜 작은 의사결정조차 내리지 못하게 만들기도 한다.

부정적 감정의 증상

부정적 감정은 궁극적으로 일종의 분노로 요약할 수 있다. 내면으로 표출되든 아니면 밖으로 표출되든 분노는 다른 사람들도 분노와 적대감을 느끼게 한다.

심리적 문제와 심신의 문제는 대부분 부정적 감정의 억압, 부정적 감정으로 인한 우울증이 원인이고, 자신에게 정말로 화가 났을 때는 남들에게도 화가 난다는 점에서 부정적 감정의 투사와 이동도 원인이 된다.

무엇보다도 우리 사회에서 가장 흔한 부정적 감정은 우리가 앞서 살펴본 대로 모든 종류의 두려움이다. 또한 시기와 분노의 감정도 있는데, 이 쌍둥이 감정은 대부분의 정치 활동을 이끄는 추진력이다.

사람들이 "아무도 나를 사랑하지 않을 거야"라고 생각할 때는 열등감도 질투와 함께 온다. 증오, 의심, 적대감과 불신 같은 감정들도 있다.

당신이 겪는 모든 부정적 감정들은 나무에서 자라는 과일에 비유할 수 있을 것이다. 이 부정적 감정을 제거하려면 어떻게든 이 나무를 베어버려야 한다.

여기 엄청난 돌파구가 있다. 부정적 감정 나무의 몸통은 비난이다. 누군가 당신이 못마땅하게 여기는 일을 했다거나 어떤 일을 하지 않았을 때 그를 비난하지 않으면 당신은 부정적인 감정을 느낄 수 없다. 당신이 남의 탓을 멈추는 순간, 부정적인 감정도 완전히 멈출 것이다.

마법의 주문

그렇다면 어떻게 비난을 멈출까? 대답은 간단하고 혁신적이다. 당신에게 부정적인 감정을 주는 누군가를 비난하면서 동시에 그 상황에 대한 책임을 받아들이기란 불가능하다. 책임을 인정하고 받아들이는 행동이 그 상황과 사람, 문제나 어려움과 관련된 부정적 감정을 없애준다.

그렇다면 어떻게 이 책임감을 활성화할까? "내 탓이오"라고 말하면 된다. 마법의 주문 같은 긍정적인 현재형의 확언은 모든 종류의 부정적 감정을 즉시 사라지게 한다.

당신은 긍정적이든 부정적이든 한 번에 하나만 생각할 수 있다. 자신에게 반복적으로 "내 탓이오! 내 탓이오! 내 탓이로소이다!"를 되뇌면서 부정적 생각을 떨쳐버리는 것이다.

크리스마스 트리의 조명을 끄는 가장 간단한 방법은 코드를 콘센트에서 뽑는 것이다. 그러면 모든 조명이 즉시 꺼진다.

그렇다면 부정적 감정을 어떻게 없앨 수 있을까? 똑같다. 그런 생각이 들 때마다 즉시 "내 탓이오!"라고 말하면서 지워버리면 된다. 그러면 부정적 감정이 즉시 사라진다.

자부심, 자신감, 자립심, 자존심의 비결은 당신이 자신의 현재

모습과 미래 모습에 대해 어떤 책임이든 100% 받아들이는 것
이다. 아무런 변명 없이 책임을 온전히 받아들이는 순간, 당신은
침착하고 분명하며 긍정적인 사람이 된다. 당신 삶에서 태양이
떠오르고, 모든 어둠이 사라질 것이다.

부정적 감정을 제거하는 데 필수적인 요소는 바로 용서다. 누
구나 한 번쯤은 누군가에게 어떤 면에서 부당한 취급을 당한다.
힘든 어린 시절을 겪고, 자라면서 부정적 경험을 하고, 인간관계
에서 상처도 받는다. 직장생활이 순탄치 않거나 투자한 돈을 잃
기도 한다.

누구나 어떤 면에서 속거나 사기를 당하고, 상처받고, 이용당
하고, 모욕당한다. 안타깝게도, 사람이라면 누구나 겪어야 할 정
상적이고 자연스러우며 피할 수 없는 경험의 일부다. 그렇다면
유일한 질문은 이렇다.

"당신은 이런 경험에 어떻게 대처할 것인가?"

너그럽게 용서하고 잊어라

당신의 마음이 편하려면, 다른 모두를 놓아주어야 한다. 당신
이 행복하려면, 어떤 식으로든 당신에게 상처 주었던 모두를 용
서해야 한다. 삶에서 누군가를 향해 여전히 생각하고, 느끼고,

경험하는 부정적인 생각을 모두 솔직하고, 거리낌 없이, 완전히 놓아버려야 한다. 모든 사람을 향해 일괄 사면을 발표해야 한다.

내 말을 들은 대부분 사람은 모든 상황을 고려해본 결과 자신을 부당하게 대했던 모든 이들을 용서할 것이라는 데에는 동의한다. 당신도 용서의 개념에 동의한다면, 다음 질문은 바로 이것이다. "내가 용서해야 할 사람들은 누굴까?"

당신이 용서해야 할 사람에는 세 가지 유형이 있다.

1. 당신은 부모님을 용서해야 한다. 부모님에 대한 원망을 놓아버리고 편해져야 한다. 부모님이 당신을 기를 때 했던 모든 실수를 용서해야 한다.

많은 아이가 자신의 삶에서 가장 중요한 사람인 부모님이 완벽하고 무엇이든 다 알고 있다는 잘못된 믿음을 지니고 자란다. 사실 당신의 부모는, 무지와 경험 부족으로 온갖 실수를 저지르는 당신과 똑같이, 그저 평범한 사람들이다.

당신은 부모님이 당신을 기르며 했던 모든 실수를 용서해야 한다. 그것들을 완전히 놓아버려야 한다. 부모님께 가서 당신에게 상처를 주었던 그분들의 행동이나 말을 모두 용서한다고 말한다면 더 좋다. 부모에 대한 원망을 놓아버리고 스스로 자유로워져라.

2. 개인적인 인간관계든 업무적인 관계든, 당신에게 어떤 식으로든 상처를 주었던 모든 이들을 용서해야 한다. 당신에게 엄청난 감정적 혼란과 고통을 주었던 인간관계와 결혼조차도 용서해야 한다. 당신은 반드시 용서해야 한다.

여전히 가끔 그 사람을 생각하면 부정적인 감정과 분노가 치밀어오르고, 어떤 식으로든 벌을 주거나 복수하고픈 충동이 이는 사람들을 향해 사면령을 내려야 한다.

기억하라. 당신은 다른 사람들을 위해 용서하는 것이 아니다. 용서는 완벽하게 이기적인 행동이다. 당신은 자신을 위해 용서하고 있다. 그들을 마음속에서 놓아버리고 용서함으로써 동시에 자신을 해방하는 것이다.

3. 마지막으로 당신은 자신을 용서해야 한다. 당신이 살면서 어느 시기에, 어떤 이유로, 누군가에게 상처를 줬던 모든 행동, 사악하고 무분별하며 어리석고 생각 없는 그 행동을 용서해야 한다.

기억하라. 지금의 당신은 어떤 면에서 다른 사람에게 상처를 주었던 그때의 당신이 아니다. 지금의 당신은 예전에 했던 짓을 다시 저지를 사람이 아니다.

당신은 자신이 저지른 모든 실수에 대해 자신을 용서함으로

써 스스로 자유로워져야 한다. 사실 당신 내면에 있는 당신은 뱃속까지 착한 사람이다. 과거에 당신이 저지른 실수는 그것이 무엇이든 너무 어렸거나, 경험이 없었거나, 지식이나 이해심이 부족했기 때문이었다. 하지만 이제는 다 지나간 일이다. 모두 과거의 사건들이다. 모두 놓아버리고, 남은 인생을 잘 살아라.

당신이 완전히 긍정적인 사람이 되고 싶다면 삶에서 당신이 해야 할 가장 중요한 일은 과거를 놓아버리고 햇빛을 향해 서는 것이다. 완전히 긍정적인 사람이 되어라. 당신이 원하는 것과 당신에게 필요한 것들을 생각하라. 어디로 갈지, 무엇을 성취할 수 있는지를 생각하라. 자신을 대단한 사람이라 여기며 당신이 될 수 있는 것에 대해 생각하라.

잘못된 결심

나는 용서에 관해 100만 명도 넘는 사람들을 만나 연구했다. 거의 모든 사람이 용서하고, 잊고, 놓아버릴 것이라는 데 동의했다. 그러나 동시에 그들은 내면에 자기 파괴의 씨앗을 심는다.

사람들은 흔히 이렇게 말한다. "저는 어떤 이유에서든 제게 상처를 주었던 모든 사람을 이렇게 용서하기로 합니다. 저는 그들을 (딱 한 사람이나 어느 특정한 상황만 빼고) 마음속에서 해방하고 놓았습니다."

당신의 모든 심리적, 감정적, 신체적 문제는 당신이 여전히 분노하고 용서하지 못한 부정적 사건 하나를 놓아버리지 못했기 때문임을 알 수 있다.

달리지 못하는 벤츠

예를 하나 들어보자. 당신이 신형 메르세데스 벤츠를 주문했다고 상상해보자. 차는 모든 면에서 완벽한 상태로 배송되었다. 딱 한 가지만 빼고. 무슨 영문인지 차를 제조하는 과정에서 엔지니어가 실수로 앞바퀴 중 하나에 브레이크를 잘못 달았다. 그래서 브레이크가 잠겨 바퀴가 돌아가지 않는다.

신형 메르세데스 벤츠를 타고 시동을 건다. 엔진이 돌아가자 당신은 기어를 넣고 가속 페달을 밟는다. 어떻게 되겠는가? 자, 앞 브레이크 중 하나가 잠겼으니 당신의 멋진 차는 그저 헛바퀴만 돌 뿐이다. 운전대를 돌리고 가속 페달을 밟아도 차는 여전히 제자리에서 헛걸음만 치고, 당신은 아무 데도 가지 못한다. 가속 페달을 밟으면 밟을수록, 엔진만 연소시키고 뒷바퀴 타이어만 더 빨리 닳는다.

브레이크를 풀어줘라

당신의 삶도 마찬가지다. 당신이 용서하기를 거부하고 여전히 화가 나 있는 사람이 있다면, 앞바퀴 중 하나에 브레이크를 잠가 둔 상태와 똑같다. 당신의 삶은 계속 헛바퀴만 돌 것이다. 그러면서 당신은 감정적으로, 신체적으로 소진될 것이다. 결코, 진심으로 행복을 느끼지 못하고, 아무런 발전도 할 수가 없다. 해를 거듭하며 이 부정적인 사람이나 사건을 곱씹어 생각하면서 당신의 정신적인 발로 감정적 브레이크를 밟고 있을 것이다.

이런 통찰력이 몸과 마음의 병을 이해하는 비결이다. 자신을 제자리에 머무르게 하고, 과거에 자신을 가두는 것은 한 가지 사건을(가끔은 여러 가지 사건을) 놓아버리지 않기 때문이다.

이렇게 용서하길 거부하면 어떤 발전도 불가능하다.

당신이 놓아버릴 수 없고, 놓아버리지 않을 사람이나 사건은 무엇인가? 그것이 무엇이든, 당신은 그것을 놓아버릴 기질과 용기가 있어야 한다. 그 사건이 얼마나 고통스러웠든, 당신은 마법의 주문을 외워야 한다. "나는 그(혹은 그녀)가 저지른 모든 일을 용서한다. 그(혹은 그녀)를 마음에서 놓는다. 다 끝났다."

책임감, 통제력, 긍정적 감정

당신이 삶의 책임감을 어느 정도 느끼는지와 삶을 어느 정도 통제할 수 있다고 느끼는지는 직접 관련되어 있다. 거의 모든 스트레스와 부정적 감정이 통제할 수 없다는 느낌에서 오기 때문에, 당신이 책임을 받아들이자마자 당신은 자신에게 일어나는 모든 일과 자신에 대해 통제력을 발휘한다.

책임감의 수용과 통제할 수 있다는 느낌, 긍정적인 마음 상태는 밀접한 관련이 있다. 당신이 책임을 받아들여 자기 삶을 통제할 수 있다고 느낄수록, 자신과 주변 세상에 대해 더 긍정적으로 느낄 것이다. 긍정적 감정과 행복도 직접적 관련이 있다.

이제 선택은 당신에게 달려 있다.

당신이 어떤 일로 누군가를 비난할 때, 당신은 감정의 통제력을 포기한다. 당신은 그가 알든 모르든, 자기감정의 통제권을 당신이 비난하고 있는 사람에게 넘기고 있다. 어떤 일로 누군가를 비난함으로써 당신은 그 사람이 당신을 조종하고, 장기적으로는 당신의 감정을 통제하게 만든다.

당신은 그를 용서하고 놓아주는 것을 거부하면서 자신의 행복에 관한 권력과 통제권을 그에게 넘겨준다. 그리고 대부분의 경우, 그 사람은 자기가 당신의 행복과 안녕에 얼마나 많은 통제력을 쥐고 있는지도 모른다.

남을 비난하고 불평하면서 당신은 스스로를 '희생자'로 여긴다. 남을 비난하면서 당신은 자신을 작고 나약하며 분노로 가득 찬 열등한 존재로 느낀다. 자신을 전적으로 책임감 있고 자신감 있는 사람으로 여기지 않고 오히려 남들이 자신을 통제하게 만들어 스스로 자신의 삶과 감정을 조절할 수 없는 사람이 된다.

당신이 남들을 비난할 때, 당신은 부정적이고, 분노에 차 있고, 의심 많고, 적대적이며 나약한 사람이 된다.

이것이 당신이 생각하던 자신의 모습인가?

운전대를 잡아라

좋은 소식은, 당신은 언제든 "내 탓이오"라고 말하면서 즉시 감정적 삶의 운전석으로 돌아갈 수 있다는 것이다. 부정적 생각이 떠오를 때마다, 곧바로 "내 탓이오!"를 외치면서 지워버려라. 그런 일이 있을 때마다 습관적으로 튀어나오도록 반복해서 마법의 주문을 외워라. 자기 책임을 받아들이는 능력은 지도자나 성공한 사람, 자아를 실현한 사람들이 가진 특징이다.

오늘 전적으로 책임감 있고, 완전히 성숙하며, 제 역할을 다하는 성인이 되겠다고 결심하라. "내 탓이오"라고 반복적으로 말하며 그것을 되새겨라.

이것이 긍정적 사고의 진짜 비결이다.

1. 오늘 전적으로 긍정적인 사람이 되겠다고 결심하라. 모든 사람과 모든 상황에서 좋은 점을 찾아라. 찾으려 하면 언제나 찾을 수 있다.

2. 오늘 당신의 행복을 방해하는 부정적인 감정을 없애겠다고 결심하라. 당신을 속상하고 화나게 하는 일들을 생각하거나 말하지 마라.

3. 어떤 식으로로든 당신에게 상처를 줬던 모든 사람을 다 용서하라. 앞으로 나아가려면 일단 용서해야 한다.

139

07

◎

내일의 정답은
오늘의 정답과 다르다

정상에 오르려는 사람은 습관이 지닌 힘을 올바르게 이해해야 한다. 자신을 망칠 수 있는 습관은 빨리 없애야 하고, 자기가 바라는 성공을 얻는 데 유익한 습관은 서둘러 몸에 배도록 노력해야 한다.

– 폴 게티

변화의 시기에 유연하게 생각하는 능력, 즉 상황의 모든 면을 고려하여 변화에 효과적으로 대응하는 능력은 당신의 업무와 경력에 엄청난 영향을 미칠 수 있다.

1952년에 알베르트 아인슈타인은 프린스턴대학교에서 강의를 하고 있었다. 어느 날 그가 조교와 함께 연구실로 돌아오는 길이었다. 조교는 아인슈타인이 출제했던 고등물리학 수강생들의 시험지를 들고 있었다.

조교가 약간 망설이다가 아인슈타인 박사에게 물었다. "이런 질문을 해서 죄송합니다만, 이 시험은 작년에 교수님께서 같은 학생들에게 내신 물리학 시험과 똑같지 않나요?"

07_ 내일의 정답은 오늘의 정답과 다르다

아인슈타인 박사가 대답했다. "맞아. 똑같은 시험이네."

그러자 조교가 아까보다 훨씬 더 망설이다가 물었다. "어떻게 같은 학생들에게 2년 연속 같은 문제를 내실 수가 있죠?"

아인슈타인이 간단히 대답했다. "그야 정답이 바뀌었으니까."

그 시기에 물리학계에서는 새로운 발전과 이론, 발견들이 전 세계에서 계속 쏟아져나오고 있었다. 어느 해에 옳았던 답이 학계에 등장하는 새로운 아이디어와 비약적 발전으로 다음 해에는 옳지 않았다.

당신의 정답이 바뀌었다

당신의 상황도 마찬가지다. 삶의 여러 영역에서 당신의 정답이 바뀌고 있다. 1년 전에 옳았고 타당했던 것이 지금은 부분적으로 또는 완전히 쓸모가 없어진다. 한두 해 전이나 한 달 전에 품었던 생각이 오늘날 격변하는 시장에서는 더는 타당하거나 적절하지 않다.

예를 들어, 기술 업계에서는 어떤 제품이 처음 출시되자마자 이미 한물갔다고 말한다. 제품이 시장에 출시될 때쯤에는 이미 그것을 개발한 회사나 경쟁자들도 대체품을 내놓고 있기 때문이다.

기술의 유통기한은 점점 더 짧아지고 있다. 정보와 경쟁도 마찬가지다. 정보와 경쟁 상대는 거의 눈 깜짝할 사이에 변하고 있다.

뉴욕 매닝거연구소는 성공을 위해 가장 필요한 특징이나 자질을 밝히는 연구를 수행했다. 연구는 성공에 필요한 가장 중요한 자질로 '유연성'을 꼽았다.

유연성은 모든 분야에서 점점 더 빨라지는 변화에 빠르게 응답하고 반응하는 능력이다. '정답이 바뀌었다'는 사실을 받아들이면서 유연하게 대처하는 개인이나 조직은 경직되고 융통성 없는 경쟁자들보다 엄청난 우위에 서게 될 것이다.

변화는 점점 더 빨라진다

우리는 인류 역사상 가장 빨리 변하고 가장 파괴적이며 가장 혼란스러운 시기에 살고 있다.

20세기 중반까지도 학교를 졸업하면 회사에 취직해서 직장 생활을 시작하고, 거기서 평생 근무하는 일이 꽤 흔했다.

오늘날 성인의 무려 40%가 '임시 근로자'라는 형태로 일한다. 즉, 독립계약자로서 평생 여기저기 옮겨 다니며 일하는 프리랜서다. 그들 대부분이 임시직을 제외하고는 결코 한 회사에 소속

되어 일하지는 못할 것이다.

미국에서만 매년 평균 200만 개의 일자리가 사라진다. 회사들이 제공했던 제품과 서비스가 변화하는 소비자 취향을 따라잡지 못해 그 제품과 서비스를 생산하는 데 필요했던 기술이 더는 필요 없어진다. 이것이 바로 전 세계가 직면한 일자리 위기의 본질이다. 문제는, 일자리 위기가 앞으로 몇 달 몇 년간 가속화될 것이라는 사실이다.

다행스럽게도 매년 평균 220만 개 이상의 일자리가 미국에서 생겨나고 있다. 새로 만들어진 일자리의 무려 80%가 다양한 시장에서 다양한 고객에게 제품과 서비스를 제공하는 신생 회사들에서 나온다.

변화의 속도에 적응하지 못한 많은 기업이 안정적인 매출과 수익을 올리는 데 애를 먹고 있다. 그들의 비즈니스 모델이 더 이상 유효하지 않기 때문이다.

당신의 비즈니스 모델

비즈니스 모델은 한 회사가 제품이나 서비스를 생산하고 판매하여 이익을 창출하는 전 과정이다. 회사가 사용할 수 있는 비즈니스 모델은 적어도 55가지가 있다. 당신의 현재 시장과 맞지

않는 비즈니스 모델을 사용해 결과를 얻으려 하면 판매량과 이
윤 감소로 이어질 수 있고, 심지어 기업 붕괴에까지 이른다.

2007년 애플이 아이폰을 출시했을 때, 블랙베리의 고위 간부
는 아이폰을 친구들과 소통하고 싶은 젊은이들이나 좋아할 장
난감으로 여겨 무시해버렸다. 5년도 채 되지 않아 휴대전화 산
업에서 블랙베리의 시장점유율은 49%에서 0.4%로 추락했고,
지금은 시장에서 거의 찾아볼 수 없다.

아이패드 출시 후 전자책을 싸고 빠르게 다운받을 수 있게 되
자 도서시장 전체가 바뀌었다. 1년도 되지 않아 세계 최대 도서
소매업체 중 하나인 보더스가 파산했고 지점 600개가 문을 닫
았다.

이는 거의 모든 업계에서 일어나고 있는 일이다. 수많은 기업
들이 정보, 기술, 경쟁의 맹공을 퍼붓는 새로운 시장 상황에 적
합한 자신만의 비즈니스 모델을 채택하지 못했기 때문에 역사
의 한 페이지로 빠르게 사라졌다.

당신의 개인적인 비즈니스 모델, 다시 말해 당신의 삶과 일을
계획한 방식도 부분적으로 또는 완전히 구식이 된다. 오늘 당장
은 구식이 아니라 해도, 미래에 언젠가는 그렇게 될 것이다.

소비자 취향과 수요가 변할 때 사업은 곤란한 상황에 놓인다.

개인도 전문화된 재능, 기술과 능력의 측면에서 회사의 요구조건이 변할 때 마찬가지로 직장생활에 문제가 생긴다. 개인이든 조직이든 오늘날 살아남고 발전하려면, 당신 주변에서 일어나는 변화의 첨단에 있어야만 한다.

80/20 법칙과 소득

사람들이 가진 많은 기술이 오늘날 쓸모없어졌다. 더 좋고 더 적절한 기술을 가진 사람들을 찾는 수요는 과거의 사람을 몰아내고 그 자리를 새로운 사람으로 채운다.

노벨 경제학상 수상자 게리 베커는 〈월스트리트저널〉에 소득 증가에 관한 연구를 발표했다. 시카고대학교의 한 연구에서 베커는 하위 80%의 평균 소득증가율은 연 3%로, 물가상승률과 똑같거나 조금 높다는 사실을 발견했다.

그러나 상위 20%의 소득증가율은 평균 연 11%로, 6~7년마다 소득을 2배씩 올려 중산층으로 이동했거나 직장생활을 하는 동안 조금씩 이동해서 결국 부유층까지 올라갈 수 있었다.

그렇다면 상위 20%와 하위 80%의 가장 큰 차이점은 무엇이었을까? 바로 꾸준한 기술의 학습과 업그레이드를 위한 헌신이었다. 상위 20%의 사람들은 관련된 책을 사서 읽고, 강좌를 수강했으며, 오디오 프로그램을 듣고, 쉴 새 없이 자기 일을 더 잘, 더 적은 비용으로, 더 빨리하는 방법을 모색했다.

하위 80%의 사람들은 정확히 그 반대였다. 그들은 거의 책을 읽지 않았고, 강좌도 듣지 않았으며, 자신의 기술을 업그레이드하기 위해 어떤 노력도 기울이지 않았다. 그들은 목표 달성보다는 긴장을 푸는 활동을 하느라 여가를 보냈다. 그 결과, 하위 80%는 대개 영문도 모른 채 점점 더 뒤처졌다.

직장을 잃고 나서야 자신의 기술이 현 고용주에게는 별 가치가 없음을 깨닫는다. 하지만 학습과 새로운 기술 개발은 자신의 세계관이 아니므로, 그냥 집에 가서 TV를 봤다. 결국, 그들은 몇 달 심지어 몇 년까지도 실직 상태로 지냈다.

오늘날 모든 소득 수준과 다양한 직업의 많은 사람이 자기 기술의 꾸준한 업그레이드가 절실히 필요하다는 사실을 모른다. "더 발전하지 않으면, 더 퇴보할 것이다." NBA 최고의 명장 팻 라일리의 말을 기억하라.

경주는 시작되었다

누구도 제자리에 머물러 있을 수 없다. 당신이 지식과 기술을 꾸준히 업그레이드하지 않으면 그 자리에 머물러 있을 수도 없다. 적극적으로 꾸준히 학습하는 사람들이 점점 더 멀리, 빠르게 앞으로 나아가는 동안 당신은 사실 점점 더 뒤처지고 있다.

오늘날 많은 사람이 틀에 박힌 생활을 하고 있는데, 틀에 박힌 생활과 무덤의 차이는 깊이뿐이다. 틀에 박힌 듯 살고 있다면, 거기서 나오도록 무슨 짓을 해서든 스스로에게 동기부여를 해야 한다.

컴포트존의 유혹

당신은 변화와 융통성의 세 가지 적을 정면으로 마주 봐야 한다. 첫 번째이자 최악의 적은 '컴포트존'이다. 사람들은 어떤 일을 시작하고 계속하면서 곧 편안해진다. 그런 다음에는 어떤 변화도 거부하며, 심지어 새롭거나 다른 일이 필요한 긍정적인 변화조차 거부한다.

배우고 성장하면서 자신의 가능성을 펼치는 대신 그들은 완강히 버티면서 변화에 대한 저항을 정당화하고 합리화하며 종종 남들이 변하려는 노력도 방해한다.

워렌 베니스는 《리더와 리더십》에서 연구 대상인 성공한 사람들이 어떻게 점점 더 큰 목표, 즉 자신과 조직이 큰 변화와 개선 없이는 성취할 수 없는 목표를 설정해 컴포트존의 유혹에 저항했는지 묘사했다.

피터 디아만디스가 2015년에 쓴 책 《볼드》에서 그는 세상을 바꾸는 혁신가들에게 앞으로 몇 년 후 현재 판매량, 소득, 이윤의 10배 혹은 100배를 성취하겠다는 목표를 세우라고 충고한다.

이렇게 엄청난 목표는 처음에는 버겁게 느껴지겠지만 곧 '아무도 가본 적 없는 곳으로 이끄는' 확장된 사고와 새로운 아이디어로 이어진다.

사람을 억누르는 두려움

현재 상황에 의문을 제기하고 도전하는 유연성의 두 번째 큰 장애물은 모든 종류의 '두려움', 특히 실패에 대한 두려움이다. "새로운 것을 시도했는데 효과가 없으면 어떻게 하지?"

2013년 10월 〈하버드비즈니스리뷰〉에 따르면 비즈니스 모델 혁신의 가장 큰 장애는 두려움과 불확실성이라 한다. 기업 임원의 80%가 중요도 면에서 신제품과 서비스 개발보다 비즈니스 모델 혁신을 우위에 두었다. 하지만 임원들은 두려움과 불확실성 때문에 다음 세대 지도자들에게 생존과 번영에 필요한 변화를 미루고 있다.

변할 수 없다는 느낌

사람들이 변화를 두려워하고 변화에 저항하는 세 번째 이유는 '학습된 무기력'이다. 책임감 있는 사람이라면 누구나 변화가 꼭 필요하다는 사실을 알지만, 현재 상황의 복잡함과 변할 수 없다는 생각에 사로잡혀 무력감을 느낀다.

학습된 무기력은 "나는 못해"나 "우린 못해"라는 말로 표현된다. 그다음에는 시간이 없다거나 돈이 부족하다, 재능이 충분치 않다 등 많은 외부 압력과 내부 한계를 포함해 왜 변화가 불가능한지에 대해 장황한 변명이 이어진다.

하지만 윈스턴 처칠의 말처럼 "당신에게 승리의 가능성이 있을 때 싸우지 않으면, 곧 가능성이 전혀 없을 때 싸워야 할 것이다." 그 법칙은 당신이 변해야 하거나 다른 선택의 여지가 없을 때 변화하는 것이 아니라, 변화할 수 있을 때 해야 한다고 말한다.

이 말은 비디오시장을 지배했던 블록버스터의 경영진들이 들었어야 했다. 넷플릭스가 시장에 진입했을 때, 블록버스터 사람들은 그들의 우위에 결코 도전할 수 없는 작은 회사라고 넷플릭스를 무시했다. 하지만 소비자 취향이 변하면서 메일과 온라인으로 영화를 전송하는 넷플릭스는 몇 년 만에 가장 큰 회사가 되었고, 블록버스터는 파산했다.

당신의 생각을 열어라

당신의 창의력을 풀어놓고, 생각을 확장하며, 컴포트존에서 자신을 끌어낼 수 있는 강력하고 실용적인 도구가 몇 가지 있다.

당신의 관점을 바꾸고 유연성을 더 높은 단계로 끌어올릴 최고의 도구는 '제로베이스 사고'다. 제로베이스 사고는 제로베이스 예산에서 나온 용어다. 제로베이스 예산을 짤 때는 회계 기간이 시작할 때마다 모든 비용에 의문을 제기해야 한다. 특정한 비용을 늘릴지 줄일지가 아니라 이 항목에 돈을 써야 할지 말아야 할지를 묻는다.

제로베이스 사고를 할 때도 당신은 가차 없이 이렇게 물어야 한다. "우리가 오늘 하는 일 중에, 지금 알고 있는 것을 알면서 처음부터 다시 해야 한다면, 아예 시작하지 않을 일이 있는가?"

KWINK 분석

KWINK(Knowing What I Now Know, 지금 알고 있는 것을 안다면) 분석법을 당신의 업무와 개인적인 삶의 모든 부분에 적용해라. 우리가 오늘 하는 일 중에, 지금 알고 있는 것을 알면서 처음부터 다시 해야 한다면, 아예 시작하지 않을 일이 있는가?

당신이 제로베이스 사고가 필요한 상황에 있는지를 어떻게 알 수 있을까? 간단하다. 정답은 스트레스다! 당신 삶에서 오늘 다시 시작하지 않을 일이 있다면 당신은 그 영역에서 또는 어떤 사람에게 꾸준히 스트레스와 분노, 걱정, 좌절감, 불만족을 느낄 것이다. 이 부정적 상황은 종종 당신의 대화에 스며들고, 낮에는 정신을 산만하게 하며, 밤에는 잠 못 들게 한다.

당신의 인간관계를 다시 시작하라

제로베이스 사고로 모든 인간관계를 다시 시작하라.

다시 시작해야 한다면 당신의 업무나 개인적인 삶에서 사귀지 않을 사람이 있는가? 당신의 업무에서 지금 알고 있는 것을 안다면 오늘 고용하거나, 임명하거나, 일을 맡기거나 승진시키지 않을 사람, 심지어 그 사람 때문에 직장에 다니지 않을 사람이 있는가?

당신이 지금 인간관계를 유지하고 싶지 않은 사람이 있다면, 유일한 질문은 이것이다. "어떻게 이 인간관계를 끝내고, 얼마나 빨리 끝낼 것인가?"

얼마나 많은 당신의 결정이 때가 되면 틀린 것으로 판명될지 짐작이 가는가? 미국 경영협회에 따르면 업무에서 그리고 개인적 삶에서 내려진 결정의 무려 70%가 결국에는 잘못된 것으로 드러난다고 한다. 그 결정은 조금 틀렸을 수도, 많이 틀렸을 수도, 아니면 완전히 틀렸을 수도 있다. 당신이 유연성을 최고로 발휘할 수 있는 수준까지 개발하려면 최고경영진들이 하는 세 가지 말을 할 준비가 되어야 한다.

1. 당신이 완벽하지 않음을 인정하라

"제가 틀렸습니다." 주변 상황을 둘러보고, 특히 당신에게 스트레스와 불만족을 주고 당신을 불행하게 하는 문제를 살펴본 후 당신이 틀렸음을 기꺼이 인정해라. 당신이 결정을 내리거나 그 상황에 직면했을 때는 그것이 옳은 일로 보였다. 당시에 있었던 정보를 바탕으로 했을 때는 그 결정이 매우 논리적이었다. 하지만 '정답이 바뀌었다.'

전에는 몰랐던 것들을 알게 되었고, 외부 상황과 조건도 달라졌다. 옳게 보였던 당신의 결정이 오늘은 잘못된 결정으로 드러났다. 당신이 틀렸음을 인정하고 상황을 해결할 행동을 취하자마자 스트레스는 사라진다.

가끔 사람들은 자신이 틀렸음을 인정하면 나약한 모습을 보이는 것으로 생각한다. 과거에 자신이 내리고 변호했던 결정이 틀렸다고 인정하면 사람들이 자신을 존중하지 않을 것이라 생각한다. 하지만 정반대다. 혼란과 빠른 변화의 시대에, 당신이 내린 실수가 주변 모두에게 분명할 때, 용기 내어 당신이 틀렸다고 인정하면 사람들은 실제로 당신을 더 존경하고, 앞으로도 당신을 위해 기꺼이 일할 것이다.

하지만 분명히 틀렸는데도 그것을 인정하지 않는 사람만큼 어리석고 약해 보이는 사람은 없다.

여기 재미있는 사실이 있다. 지금 알고 있는 것을 안다면 다시 시작하지 않을 상황을 확인했을 때는 이미 너무 늦었다. 그 상황이나 사람을 되돌릴 수 없다. 이미 끝난 일이다. 이제 유일한 질문은 당신이 틀렸다는 사실을 인정하고, 상황을 바로잡는 데 필요한 조치를 할 때까지 얼마나 많은 시간과 돈을 잃고 괴로움과 고통을 겪어야 하는가이다.

2. 당신이 실수했음을 인정하라

"제가 실수했습니다." 자신이 분명히 실수했고, 주변 모두가 알고 있는데도 자존심 때문에 그 사실을 인정하기 어려워하는 사람이 많다. 이런 일이 당신에게 일어나게 하지 마라.

당신은 틀릴 수 있고, 누구나 대개 70%는 실수를 한다. 다른 사람들이 모두 알 때까지 기다리지 마라. 그냥 몇 걸음 더 선수를 쳐서 빨리 인정하라. "제가 틀렸습니다. 제가 실수했습니다." 그러고 나서 최대한 빨리 상황을 바로잡아라.

3. 마음을 바꿔라

"마음을 바꿨습니다." 당신이 새로운 정보를 얻었을 때, 마음을 바꾸는 것 역시 나약함이 아니라 용기와 융통성이 있다는 증거다. 당신이 새로운 사업이나 제품 전략을 개발하는 데 18개월을 쏟아부었더라도 당신의 핵심 결정이 틀렸다는 새로운 정보를 입수하면, 기꺼이 마음을 바꿔서 이제는 쓸모없어진 전략을 버리고 새롭고 다른 것, 현 상황에 더 적절한 일을 하는 데 힘써야 한다.

당신이 "제가 틀렸습니다. 제가 실수했습니다. 마음을 바꿨습니다"라고 더 기꺼이 말할수록, 더 좋은 사고를 하고 주변 사람들에게 더 많이 존경받을 것이다.

당신의 경력을 재평가하라

당신이 제로베이스 사고를 적용해야 할 두 번째 영역은 특히 당신의 비즈니스 모델을 포함한 경력의 모든 면과 관련 있다.

지금 알고 있는 것을 안다면 당신이 현재 하지 않을 일이 있는가? 지금 알고 있는 것을 안다면 오늘은 다시 시작하지 않을 프로세스나 비용이 있는가? 지금 알고 있는 것을 알면서 다시 시작해야 한다면 다시는 시행하지 않을 현재 전략이 있는가?

당신 경력의 어느 부분이나 당신이 하는 일, 관련된 활동 중에서 지금 알고 있는 것을 안다면 오늘은 다시 하지 않을 일이 있는가?

사람들이 평생 다양한 기술을 사용해서 다양한 회사와 산업에서 다양한 직업을 갖는 일은 꽤 흔하다는 사실을 기억하라. 많은 사람이 경제가 변화하면 새로운 기술을 배워 새로운 분야에서 다시 시작하기로 한다.

이런 일이 당신에게도 일어날 수 있는가?

대답이 '그렇다'라면, 다음 질문은 이것이다.

"당신은 어떻게 이 상황에서 벗어날 것인가? 또 얼마나 빨리 상황을 끝낼 수 있는가?"

당신의 투자를 평가하라

제로베이스 사고를 적용할 세 번째 영역은 투자, 특히 시간과 돈, 감정의 투자와 관련 있다.

회계에는 '매몰 비용'이라는 용어가 있다. 한 번 쓰면 영원히 되돌릴 수 없는 비용이다. 매몰 비용은 되찾을 수 없다. 마치 바다 한가운데에 바늘을 떨어뜨리는 것과 같아서, 절대 다시 찾을 수 없다. 그냥 사라진다. 그것이 매몰 비용이다.

얼마나 많은 기업과 개인이 이 부분에서 혼란스러워하는지를 알면 깜짝 놀랄 것이다. 그들은 끊임없이 매몰 비용을 회복하려 한다. 이를 '쓸모없는 곳에 돈을 쏟아붓는다'라거나 '쥐구멍에 돈을 쏟아붓는다'라고도 말한다.

당신의 투자금은 영원히 사라졌다

이렇게 매몰 비용을 받아들이지 못하는 것은 특히 시간과 관련해서는 사실이다. 당신의 삶에서 어떤 프로젝트나 서비스, 어떤 사람에, 또는 필요 없어진 기술을 개발하는 데 엄청난 시간을 투자한 경험이 있는가?

과거의 시간 투자가 이제는 매몰 비용이 되었다는 사실을 인정할 준비를 하라. 그냥 받아들여라. 다음 단계로 넘어가라. 그리고 당신의 시간과 노력을 최상으로 이용하고 있지 않다는 것을 내심 알고 있는 일에는 더는 시간을 투자하지 마라.

매몰 비용의 두 번째 부분은 투자와 관련 있다. 지금 알고 있는 것을 알면서 다시 시작해야 한다면 오늘은 다시 하지 않을 경제적 투자가 있는가? 만약 있다면 다음 질문은 이것이다.

"어떻게 이 투자에서 빠져나오고, 얼마나 빨리 나와야 할까?"

지금 알고 있는 것을 알고 다시 시작한다면 오늘은 투자하지 않을 일에 얼마나 많은 사람이 계속 투자하는지를 보고 있노라면 마음이 아프다.

오늘 다시 시작하는 모습을 상상하라

제로베이스 사고의 세 번째 요소는 감정과 관련 있다. 심리학자에 따르면 사람들은 시간과 돈, 그리고 모든 종류의 감정을 잃는 것을 싫어한다고 한다. 사람들은 무엇이든 잃는 것을 인정하지 않고 어떤 식으로든 되찾으려 노력하며 손실에 대해 정신적 장벽을 친다.

살면서 당신은 사람들과 상황에 많은 감정을 투자할 것이다. 당신은 상황이나 인간관계가 제대로 돌아가게 하려고 온 마음을 다해 노력할 것이다. 하지만 하루가 끝날 때 당신은 성공을 거두지 못했음을 인정해야 한다. 당신은 투자한 감정을 잃어버렸다. 그것은 영원히 사라졌다. 감정은 되찾을 수도 회복할 수도 없다. 매몰 비용이기 때문이다.

실패한 상황이나 인간관계라는 현실을 직면하려면, 그리고 당신이 틀렸고 실수했으며 마음을 바꿨다고 인정하려면 어마어마한 용기가 필요하다. 하지만 당신이 제로베이스 사고를 더 많이 연습할수록 더 유연해질 것이다.

엄청난 이익

여기 좋은 소식이 있다. 당신이 마침내 제로베이스 사고의 상황을 끝낼 용기를 냈다면, 전 세계 사람들과 똑같이 반응할 것이다.

첫째, 당신은 엄청난 안도감을 느끼고, 심지어 흥분과 해방감도 느낄 것이다. 마치 무거운 역기가 어깨에서 내려진 듯 느낄 것이다.

둘째, 당신은 자신에게 물을 것이다. "왜 오래전에 이렇게 하지 않았지?" 당신이 직장과 개인적 삶에서 잠재력을 충분히 실현하고 싶다면 제로베이스 사고 기술은 절대적으로 필요하다.

더 많이 실천하면 할수록, 더 잘하게 될 것이다. 곧 당신은 이렇게 말할 수 있다. "오늘 다시 시작한다면 바꾸거나 빠져나와야 할 상황이 내 인생에는 없어."

탁월한 생각의 7R

가끔 아주 간단한 아이디어가 당신의 생각을 흔들어놓거나 당신의 상황을 완전히 다른 방식으로 보게 할 때가 있다. 비결은 당신이 무엇을 하고 있든, 완전히 틀릴 수 있다는 가능성을 항상 열어두어야 한다는 것이다. 거의 모든 일에서 완전히 다르고 더 좋은 방법이 있을 수 있고, 대체로 정말로 그렇다.

당신의 유연성과 정신적 민첩성을 끌어올리기 위해 당신이 사용할 수 있는 일곱 가지 도구가 있고, 그것들은 다음과 같다.

1. 재사고

재사고(Rethinking)를 하려면 하던 일을 멈추고, 타임아웃을 부른 후 한 걸음 물러서서 당신의 상황을 객관적으로 보아야 한다.

- 나는 무엇을 하려고 하는가?
- 어떻게 그것을 하려고 하는가?

- 더 나은 방법이 있을까?

당신이 목표를 성취하려 노력하는 과정에서 어떤 종류든 실망감이나 저항을 느낄 때마다 한 걸음 물러서서 자신에게 이 세 가지를 물어라.

당신이 하려는 일이 올바른 일이 아니거나, 예전만큼 중요치 않음을 알게 될 때가 매우 많을 것이다. 그 일을 하려는 방식이 효과가 없다는 것을 깨닫게 될지도 모른다. 그리고 더 나은 방식이 있는지 물어보면서 무한한 가능성에 마음을 열 수 있다. 거의 항상 더 나은 방법이 있기 때문이다.

2. 재평가

제로베이스 사고를 실행해서 그 일을 해야 하는지의 여부를 완전히 다르게 재평가(Reevaluating)하라.

당신이 진행되고 있는 상황에 만족하지 않을 때마다 자신에게 물어라. "지금 알고 있는 것을 알고 이 상황에 놓여 있지 않다면, 오늘 그 일을 다시 할 것인가?"

대답이 '아니오'라면 어떻게 그 상황에서 빠져나올 것이며, 얼마나 빨리 나와야 하는가?

3. 재배치

사람과 자원을 이동시키고 다른 방식으로 재배치(Reorganizing)해서 사업의 효율성과 효과를 높일 방법을 찾아라.

- 바로 지금 당신의 일에서 가장 중요한 목표는 무엇인가? 목표가 바뀌었는가?

- 당신에게 가장 중요하고, 소중하며, 가장 생산적인 사람들이 누구인가?

- 당신에게 가장 소중하고 생산적인 사람들이 가장 중요한 목표와 기회에 집중할 수 있도록 어떻게 업무를 재배치할 수 있는가?

4. 재구성

재구성(Restructuring)은 당신이 얻는 결과의 80%를 차지하는 20%의 활동에 사람들과 자원을 이동시키는 것이다.

- 당신 사업의 수입과 이윤의 80%를 차지하는 20%의 결과는 무엇인가?

- 당신이 얻는 결과의 80%를 차지하는 상위 20%의 활동은 무엇인가?

- 결과의 80%를 생산하는 상위 20%의 직원들은 누구인가?

사업에서 당신의 주요 관심사는 수익 창출이 되어야 한다. 회사의 더 큰 수익 창출을 위해 최고의 긍정적 효과를 거둘 수 있는 부문으로 최고의 직원들을 이동시켜라.

5. 재설계

특정한 활동을 위임하고, 아웃소싱하고, 규모를 줄이고, 제거하면서 당신의 일과 삶을 단순화할 재설계(Reengineering) 방법을 꾸준히 찾아라.

- 더 적은 시간과 비용으로 업무를 더 빨리하기 위해서는 어떤 활동과 과정을 단순화하고 간소화해야 하는가?
- 어떤 활동을 남들에게 위임하거나 전문 회사에 아웃소싱할 수 있는가?
- 생산성과 판매량, 이윤의 손실 없이 어떤 활동을 완전히 없앨 수 있는가?

이런 질문 중 하나를 물을 때마다, 당신의 창의력이 자극을 받아 사업을 간소화하는 데 적용할 해답을 떠올릴 수 있고, 더 많고 좋은 결과를 더 적은 비용으로 더 빨리 얻을 것이다.

6. 재발명

오늘 다시 시작한다면 무엇을 다르게 할지(Reinventing) 꾸준히 상상하라. 오늘 당신의 사업이나 부서를 다시 시작한다고 상상하라.

- 무엇을 다르게 하겠는가?
- 무엇을 더 많이 하겠는가?
- 무엇을 더 적게 하겠는가?
- 지금 하고 있지 않은 일 중 무엇을 다시 시작하겠는가?
- 무엇을 전면적으로 그만두겠는가?

당신이 이런 질문을 자신에게 할 때마다 아이디어와 통찰력을 얻을 것이다. 당신은 무엇을 더 많이 하고, 무엇을 더 적게 하며, 무엇을 시작하거나 멈출 것인가?

7. 통제권 회복

통제권을 회복(Regaining control)하려면 여섯 가지 R의 대답을 바탕으로 당신의 일과 사업에서 구체적인 행동을 취해야 한다.

- 당신의 개인적인 일과 활동에 관해 즉시 취할 행동 하나
  는 무엇인가?
- 당신의 직원에 관해 즉시 취할 행동 하나는 무엇인가?
- 사업 자체에 관해 즉시 취할 행동 하나는 무엇인가?

각각의 경우 당신에게 한계란 없다고 상상하라. 시간과 돈, 재능과 능력, 친구들과 인맥을 비롯해 당신에게 필요한 모든 자원을, 다시 말해 당신의 사업이나 개인적 삶에 필요한 무엇이든 갖고 있다고 상상하라.

당신이 주로 할 일은 당신이 해야 할 가장 올바른 일, 최선의 일을 또렷이 파악하고 온 마음을 다해 새로운 행동에 전념하는 것이다.

1. 당신의 개인적 비즈니스 모델과 기업의 비즈니스 모델을 살펴
    봐라. 판매량, 수익, 개인 소득을 창출할 수 있는 더 좋은 방법
    이 있는지 자신에게 물어라.

2. KWINK 분석을 당신의 사업과 개인적 삶의 모든 부분에 적용
    하라. "지금 하는 일 중에 지금 알고 있는 것을 알면서 새로 시
    작해야 한다면 오늘은 다시 하지 않을 일이 있는가?"

3. 지금과 다르고 더 나은 결과를 얻으려면 당신은 무엇을 더 많
    이 하고, 무엇을 더 적게 하며, 무엇을 시작하거나 그만둬야 하
    는가?

Get Smart!

08

◎

해결해야 하기 때문에
문제인 것이다

창의력은 실제로 인간이 만든 모든 계획이 모양을 갖춰가는 작업장이다.

—나폴레온 힐

창의적인 사고를 하는 사람이 세계를 지배한다! 그들은 중요한 목표를 성취하는 더 빠르고, 더 쉽고, 더 나은 방법을 계속 찾고 있다. 그들은 지속적이고 무한한 발전을 실행한다.

인류 역사에서 위대한 발전과 혁신, 진보는 모두 창의적인 사상가들 덕분이었다. 그들은 사업이나 개인적 삶을 바꾸는 데 좋은 아이디어 하나만 있으면 된다는 사실을 알고 있다.

반대로 기계적 생각은 경직되고 융통성이 없다. '내가 하자는 대로 하거나 아니면 떠나라'는 사고방식이다. 기계적 생각은 실패할까 봐, 또는 실수를 해서 시간과 돈을 허비할까 봐, 또는 두 가지 모두에 대한 두려움에 뿌리가 있다. 효과가 없는 일을 시도

08_ 해결해야 하기 때문에 문제인 것이다

해서 비난받거나 반대에 부딪힐까 두려운 마음에서도 유발된다.

사고 능력이 부족한 사람들은 회색이 아닌 흑백논리로 생각한다. 그들은 예 아니면 아니오, 위 아니면 아래처럼 극단적으로 생각한다. 보통 여러 방법이 있지만 그들은 한 가지 방법밖에 보지 못한다. 따라서 변화와 도전에 직면하면 '태도의 경화'를 발동시킨다.

사고 능력이 부족한 사람들은 지속성을 추구하는 '항상성'의 희생자다. 그들은 컴포트존에 갇혀 지낸다. 상태가 개선되는 일일지라도 새로운 것은 무엇이든 분개하고 두려워한다.

하지만 이런 태도는 당신에게 이롭지 않다.

천재적인 잠재력

당신에게는 인생을 100번쯤 살아도 다 못 쓸 잠재력이 있다. 창의적인 능력을 많이 쓰면 쓸수록, 더 많이 이용할 수 있다. 실제로 새로운 생각을 떠올릴 때마다 당신은 더 창의적인 사람이 된다. 누구나 천재로 태어난다는 말이 있고, 이 말은 당신에게도 해당한다.

창의력은 일과 인생의 성공을 예측할 최고의 변수이자 지표다. 당신이 더 창의적일수록, 당신의 일과 인생, 당신 주변의 모든 것을 개선할 더 좋은 아이디어가 더 많이 생각날 것이다. 좋은 아이디어 하나가 당신 삶의 전체 방향을 바꿀 수도 있다.

어떻게 당신의 창의력을 알아볼까? 창의적인 사람은 호기심이 많고, 질문을 많이 하고, 절대 만족하지 않는다. 실제로 당신이 주변에 일어나는 일들에 관해 더 많이 질문하고 피상적인 대답에 만족하지 않는다면 더 창의적인 사람이 될 수 있다.

지금까지 존재했던 천재들이 가졌던 공통된 자질에 관한 연구가 많다. 그들이 발견한 첫 번째 사실은 지능은 IQ나 학력의 문제가 아니라는 점이다. 흔히 천재라고 하는 사람 중 다수가 평균이나 평균보다 약간 높은 지능을 보였다. 오히려 천재들의 뛰어난 사고력은 삶에서 불가피하게 만나는 어려움에 대처하는 태도와 접근법의 문제였다.

천재들은 시간이 지남에 따라 세 가지 특징이 발달하는 것으로 보인다.

천재들의 세 가지 태도

먼저, 천재들은 어린아이들이 탐험하고 발견하는 태도와 거의 비슷하게 **열린 마음으로 모든 상황이나 문제에 접근한다**. 당신이 삶에서 마주하는 어떤 상황이든 완전히 새롭고 다른 접근법에 마음을 더 열수록, 컴포트존에서 벗어나 통찰력과 아이디어를 얻을 확률이 높고, 독창적인 사고를 할 수 있다. 그들은 끊임없이 "왜?", "왜 안 되지?", "어떻게 하지?"라고 묻는다.

둘째, 천재들은 성급하게 결론을 내리지 않고 자료를 점점 더 많이 모으면서 문제의 모든 면을 신중하게 고려한다. 그들은 단계별로 잠정적인 결론을 시험하고 입증하며, 성급한 판단을 피한다. 천재들은 자신이 틀리거나 자기 생각이 쓸모없을 수도 있다는 가능성을 항상 열어둔다.

아인슈타인은 이런 질문을 받은 적이 있었다. "60분 후에 지구가 멸망한다고 가정할 때, 선생님께 해결책을 요청한다면 무엇을 하시겠습니까?"

아인슈타인이 대답했다. "처음 59분 동안은 정보를 모으고, 남은 1분은 최선의 방안으로 문제를 해결하는 데 쓰겠습니다."

오늘날 사업에서, 특히 신제품 개발에서 당신의 신제품이나 서비스가 고객들이 원하고 필요한 것인지, 고객들이 기꺼이 돈을 낼 것인지 연구하는 데 시간을 오래 들일수록, 급변하고 경쟁이 매우 치열한 시장에서 성공할 확률이 높아진다.

세 번째로 **모든 천재는 문제 해결과 의사결정에 체계적 접근을 사용한다.** 저명한 수학자, 물리학자, 의사, 엔지니어를 비롯해 전문직에서 성공한 사람들은 개가 지나가는 차를 쫓듯 무작정 문제를 해결하려 들지 않는다. 그들은 신중하게 고안된 체크리스트를 따르며, 한 걸음 한 걸음 문제를 해결해나간다.

아툴 가완디는 《체크! 체크리스트》에서 투자 전문가 두 명의 이야기를 들려줬다. 둘 다 성공했지만, 한 명이 훨씬 더 성공한 사람이었다.

그들은 모두 오랫동안 자신과 고객들의 투자계획을 평가해 상당한 금액을 투자한 경험이 있었다. 하지만 더 성공한 전문가는 결정을 내리기 전에 꼭 물어야 할 필수 질문이 적힌 체크리스트를 만들어 투자에 적용하며 테스트했다.

다른 한쪽은 투자를 위해 똑같은 기술과 전략을 사용했지만, 직관과 경험을 더 많이 사용했다. 결과적으로 그는 돈을 잃지 말았어야 할 사업에서 종종 투자금을 잃었다.

가완디가 주장한 재미있는 요점이 여기 있다. 첫 번째 투자 전문가는 두 번째 사람보다 투자 성공확률이 꾸준히 높았다. 그러나 다양한 투자에서 그도 실수를 하고 돈을 잃었다. 이유는 역시 똑같았다. 자신이 만든 체크리스트를 따르지 않았기 때문이었다. 그는 중요하게 고려해야 할 목록에서 한두 가지 결정적인 포인트를 놓쳤다. 그가 체크리스트로 돌아가 다시 꼼꼼하게 점검했을 때, 투자 결과는 눈에 띄게 개선되었다.

체계적인 문제 해결 방법

여러 전문가들이 오랜 시간을 들여 개발한 체계화된 문제 해결 및 의사결정 방법이 있다. 그중 내가 발견한 가장 좋은 아이디어를 당신의 삶에서 사용할 수 있도록 간단한 하나의 방법으로 합성했다.

1단계
눈앞에 종이를 놓고 문제나 목표를 정확하게 글로 정의하라.

당신이 그룹으로 일한다면, 칠판에 문제나 목표를 쓰고 모두 동의할 때까지 고쳐 써라. "맞아요. 이것이 바로 문제의 정확한 정의입니다"라고 동의할 때까지 써라.

의학계에서는 이렇게들 말한다. "정확한 진단이 치료의 절반이다." 문제를 정확하게 정의하면 종종 해결책이 분명히 드러나기도 한다.

2단계

일단 문제나 목표를 분명하게 정의했다면 이렇게 물어라. "문제는 또 무엇이라 할 수 있는가?"

어떤 문제든 한 가지로 정의할 수는 없다는 것을 명심하라. 문제를 정확한 해결책으로 처리하기 쉽도록 몇 가지 다른 방법으로 정의하고 재정의하라. (주의: 그것은 문제가 아니라 오히려 기회일지도 모른다.)

최악의 경우는 당신이 잘못된 문제나 존재하지도 않는 문제를 풀 최고의 해결책을 생각해낼 때다.

새로 출시된 제품이나 서비스의 무려 80%가 12개월 안에 실패한다. 실패의 주원인은 고객들이 공감하지 못하는 문제를 해결하는 제품을 개발하기 때문이다.

영양상 모든 면에서 균형 잡힌 완벽한 개 사료를 개발하느라 수백만 달러를 투자했던 애견식품회사의 사례에서도 알 수 있다. 안타깝게도 그 제품은 시장에서 실패했다. 어떻게 된 일인지 제품 개발자에게 물었더니 돌아온 대답은 이것이었다. "문제는 개들이 그 사료를 싫어한다는 겁니다."

당신이 내린 문제의 정의가 무엇이든, 그것은 해결책의 방향도 결정할 것이다. 따라서 문제의 정의가 잘못되었다면, 당신의 해결책이 아무리 기발할지라도 효과가 없을 것이다.

문제가 무엇입니까?

판매조직과 상담을 할 때 나는 그들의 창의적 생각을 체계적 과정으로 유도한다. 거의 모든 경우, 사업체가 직면하는 가장 큰 문제는 저조한 판매량이다. 그래서 나는 "문제가 무엇입니까?"라는 질문으로 시작한다.

문제의 첫 번째 정의는 대체로 "판매량이 너무 낮습니다"이다.

다른 문제는 또 무엇입니까?
새로운 고객을 많이 끌어들이지 못하고 있습니다.

다른 문제는 또 무엇입니까?
우리가 끌어들인 고객도 많이 사지 않습니다.

다른 문제는 또 무엇입니까?
잠재 고객을 실제 고객으로 많이 바꾸지 못합니다.

다른 문제는 또 무엇입니까?
우리 광고와 홍보가 신규 고객을 많이 끌어오지 못합니다.

다른 문제는 또 무엇입니까?

우리 고객들이 자주 사지 않습니다.

다른 문제는 또 무엇입니까?

우리 고객들이 경쟁사 제품을 너무 많이 삽니다.

문제의 정확한 정의를 찾을 때까지 '또 무엇이냐'라는 질문을 계속 던져라.

정의가 해결책을 결정한다

문제의 정의가 올바르다면, 당신이 결정한 답이 무엇이든 다른 해결책이 필요하고, 가끔은 완전히 다른 해결책이 필요할 것이다. 그래서 당신이 애초에 올바른 문제를 해결하고 있는지를 확인하기 위해 당신의 답을 시험하고 입증하는 일이 중요하다.

3단계

"우리 문제의 해결책이 무엇인가?"라고 물어라.

떠오르는 답이 무엇이든, 그다음에 또 물어라. "우리 문제의 해결책은 또 무엇이 있을까?"

한 가지 해결책만 있는 문제를 조심하라. 당신이 생각해낸 해결책의 숫자와 마침내 결정한 최종 해결책의 질 사이에는 직접적 관계가 있다. 비현실적인 두 아이디어가 결합해서 사업의 방향을 바꾼 놀라운 아이디어로 변모하는 경우가 매우 많다.

4단계

당신이 일단 가능한 해결책을 다양하게 생각했다면, 범위를 좁혀서 결정을 내려야 한다.

대개 어떤 결정이라도 내리는 편이 전혀 결정하지 않는 것보다 낫다. 당장 결정을 내릴 수 없다면, 언제까지 결정을 내려 행동으로 옮기겠다는 마감기한을 정해라.

창의적인 아이디어는 다양한 방식으로 점을 연결하는 데서 나온다. 모든 분야에서 탁월하게 생각하는 사람들이 사용하는 비결이 여기에 있다. 당신이 결정을 내리려 애쓰고 있다면, 점을 더 많이 모아라.

정보를 더 많이 수집해라. 이 분야의 전문 컨설턴트를 고용해라. 최고의 정보를 수집하는 데 돈을 아끼지 마라. 새로운 아이디어 하나가 당신에게 성공을 안겨줄 수도 있고, 제대로 살피지 않은 아이디어 하나 때문에 성공을 놓칠 수도 있다.

5단계

이 결정이 성공인지를 어떻게 평가할지 정하라.

분명한 척도와 기준을 세워라. 당신이 바라는 결과를 수량화하라. 규칙은 이렇다. "당신이 사업에서 성공하고 싶다면, 모든 일에 기준을 세워라. 당신이 부자가 되고 싶다면, 모든 일에 경제적 기준을 세워라."

당신이 결정을 평가할 수 없다면, 관리도 할 수 없다. 그리고 평가해야만 일이 끝난다.

6단계

특정한 사람이나 사람들에게 프로젝트나 업무, 하위 업무에 대한 책임을 부여하라.

모든 제품과 서비스 또는 프로젝트는 그 업무를 완전히 담당하고, 개인적 성공과 급여, 승진이 그 결과에 의해 결정되거나 큰 영향을 받는 책임자가 필요하다.

크든 작든, 회사들이 저지르는 실수는 그들이 신제품이나 서비스에 관한 아이디어(또는 어떤 종류의 프로젝트)에는 동의하고 나서 각자 자기 할 일을 하러 간다는 것이다. 이 프로젝트의 구체적인 책임을 떠맡은 사람이 아무도 없다. 그러면 이 업무는 회사에서 모두에게 해당하지만 누구의 것도 아닌 '고아 프로젝트'가 된다. 이런 일이 당신의 사업에서는 일어나게 하지 마라.

7단계

일을 끝낼 마감과 준 마감기한을 정하라.

잠재 결과가 중요할수록, 당신은 더 자주, 더 정확하게 진도를 관리하고 평가해야 한다. 당신이 예상한 대로 가고 있는지 점검하라. 점검을 해야만 일이 끝난다.

8단계

무슨 이유에서든 첫 번째 해결책이 효과가 없을 경우를 위해 대비책이나 대안, 즉 플랜 B를 만들어라.

'재난 보고서'를 작성하라. "이 상황에서 일어날 최악의 일은 무엇일까?"라고 물어라. 최악의 결과는 해결책이 완전히 실패해서 투자한 돈과 시간을 모조리 잃을 때다.

그렇다면 어떻게 실패의 확률을 최소화할 수 있을까? 어떻게 성공의 확률을 최대화할 수 있을까? 해결책이 효과가 없다면 당신은 어떻게 하겠는가?

훌륭한 장군들은 모든 전투에서 이길 계획을 세우지만, 혹시 모를 패배도 준비한다. 그들은 병력과 탄약을 따로 비축해둔다. 만일의 사태를 위한 대비책을 세우는 것이다. 명장들은 질서 있는 후퇴가 완전한 궤멸보다 낫다는 사실을 잘 안다.

새로운 행동에 절대로 '올인'하지 마라. 완전히 실패하더라도 다시 정상으로 회복할 수 있는 위험, 즉 계산된 위험만을 감수해라.

희망은 전략이 아니라 재앙으로 가는 공식이다. 사업에서는 '신제품을 만들기만 하면 고객이 올 것이다'라는 생각이 실패로 가는 거의 확실한 비결이다.

9단계

당신의 아이디어를 행동으로 옮겨라.

빨리 움직여라. 긴박감을 조성하라. 뭔가를 하라. 무엇이든 하라. 하지만 최대한 빨리 서둘러라. 탁월하게 생각하는 사람들의 비결을 따라 하도록 자신을 훈련하면서 당신의 사업이 직면한 모든 문제나 장애에 이 체계적인 문제 해결 방법을 적용하라.

해결책을 생각하라

당신의 지능과 창의력을 진정으로 알 수 있는 척도는 문제를 해결하고 의사결정을 내리는 능력이다. 당신의 명함에 쓰인 직함이 무엇이든 당신의 직업을 잘 묘사한 단어는 '문제 해결사'

이다. 아침에 일을 시작할 때부터 하루 일을 마칠 때까지, 그리고 그다음에도 당신은 크건 작건 온종일 문제를 해결하고 있다.

리더십은 문제를 해결하는 능력이다. 성공 또한 문제를 해결하는 능력이다. 어떤 분야든 성취되지 못한 목표나 목적은 그저 해결되지 못한 문제일 뿐이다. 그래서 문제 해결을 위한 체계적인 접근이, 더 높은 수준으로 더 꾸준히 접근하는 방식이 당신이 성취할 수 있는 최대의 성공을 얻는 데 매우 중요하다.

공교롭게도 성공한 사람들은 하루 중 대부분 해결책을 생각한다. 성공하지 못한 사람은 하루 중 대부분 문제를 생각한다. 성공한 사람들은 문제를 해결하거나 장애를 제거하기 위해, 즉 상황을 개선하기 위해 즉시 어떤 행동을 취해야 할지를 생각한다.

성공하지 못한 사람들은 문제 자체와 누구 탓인지를 생각한다. 그들은 발생하는 문제와 장애에 관해 화를 내고 언짢아한다. 이런 감정이 부정적 사고와 분노를 유발해 "누가 그랬어?"라며 가해자를 찾게 한다. 하지만 이런 태도는 해결책을 찾는 데 아무 도움이 되지 않는다.

당신의 창의력을 드러내라

우리가 앞서 말한 대로 창의력을 열어주는 세 가지 비결이 있다. 명료성, 몰입력, 집중력이다.

먼저, 목표에 관해서는 분명해야 하지만 그것을 성취하는 과정에서는 유연해야 한다. 마음을 열어라. 같은 결과를 얻을 수 있는 다양한 방법을 기꺼이 고려하라.

둘째, 몰입하라. 당신의 지적 능력과 남들의 능력을 모두 끌어모아 산만해지거나 한눈팔지 말고 한 가지 문제와 장애 혹은 어려움에 레이저빔을 쏘듯 초점을 맞춰라.

셋째, 집중하라. 당신이 가장 큰 문제를 해결하고 가장 중요한 목표를 달성할 때까지 다른 모든 것을 제쳐두고 목표에만 집중하라.

짐 콜린스는 《좋은 기업을 넘어 위대한 기업으로》에서 영국의 역사가 이사야 벌린의 에세이에 나오는 여우와 고슴도치 우화를 인용했다. 여우는 매우 영리하고 많은 것을 알고 있다. 하지만 고슴도치는 중요한 하나를 알고 있었기 때문에 더 성공했다.

명료성과 몰입력, 집중력은 하나의 큰 문제나 큰 목표를 성취하는 데 필요한 당신의 정신력을 한데 모아준다.

전자기기의 유혹

컴퓨터와 이메일이 생활화된 현대 사회에서 아마도 가장 큰 적은 '전자기기의 유혹'일 것이다. 이메일, 문자 메시지, 전화 통화, 소셜미디어를 쫓아다니는 동안 초점을 맞춰 집중하는 당신의 능력은 흐트러지고 방해를 받게 된다.

〈USA투데이〉에 따르면 특히 이메일과 문자 메시지의 방해에 계속 응답하는 행동은 뇌의 연료인 글루코스를 빠르게 연소한다고 한다. 보통의 성인은 주의력결핍장애가 있는 개처럼 이메일과 스마트폰에서 울리는 신호와 알람에 온종일 정신을 뺏긴다.

결과적으로 이메일에 중독된 직원은 매일 IQ가 평균 10점 정도 떨어져서, 시간이 흐를수록 점점 더 바보가 되어간다. 그래서 많은 사람이 하루가 끝날 때쯤이면 에너지가 소진되어 집중을 못 하거나 가장 간단한 결정조차 내리지 못한다. 게다가 주요 업무에서는 점점 더 뒤처진다.

이메일과 문자 메시지, 전화 통화에 꾸준히 응답하다 보면 어쩔 수 없이 멀티태스킹을 하게 된다. 하지만 이것을 더 정확히 정의하면 '작업 전환'이라 할 수 있다. 여러 가지 일을 하는 것이 아니라, 하던 일을 바꿔서 하고 다시 원래 일로 돌아가는 것이다. 한 연구에 따르면, 당신이 수신 메시지에 응답하기 위해 업무를 중단했다가 다시 하던 업무로 '복귀'하는 데 약 17분이 걸린다고 한다.

온종일 당신의 관심은 자동차 와이퍼처럼 이리저리 옮겨 다니다가 결국 중요한 일은 거의 끝내지 못한다. 당신이 소셜미디어에 빠진 많은 사람처럼 페이스북, 트위터, 링크드인에 집착한다면, 업무상 재앙을 초래하는 공식을 완성한 셈이다. 그래서 사람들이 "소셜네트워킹(social networking)은 사회적으로(social) 제 기능을 하지 못하고 있다(not working)"고 말한다.

해결책은 간단하다. 전자기기를 끈다. 이메일을 아침 11시와 오후 3시에 두 번만 확인해라. 당신이 현재 하는 업무에 온전히 전념하려면 그 밖의 것들도 모두 꺼라.

제약의 원칙

이것이 가장 창의적인 생각 도구 중 하나다. 제약의 원칙은 당신과 당신이 세운 목표 사이에 있는 제약 요소가 당신이 얼마나 빨리 그 목표를 달성할 것인지를 결정짓는다고 말한다.

이것은 가끔 '병목'이라 불리고, 가끔은 '장애물'이라고도 불린다. 인텔의 전 회장인 앤디 그로브는 당신을 억누르는 주된 제약 요소는 어떤 생산 과정에서든 '제한 요인'이라고 말했다.

오늘 당신의 주요 목표는 무엇이고, 그것의 성취 속도를 제약하는 요소는 무엇인가?

이 질문을 다시 말하면 "왜 당신은 아직 목표를 성취하지 못했는가?"이다.

당신의 목표가 판매량과 수익을 50% 올리는 것이라면 왜 아직 판매량과 수익을 50% 올리지 못했는가? 당신의 목표가 살을 빼는 것이라면, 왜 이상적인 몸무게에 아직 도달하지 못했는가? 이렇게 자신에게 물을 때, 당신이 가장 자주 떠올리는 대답이 당신을 억누르는 제약 요소다.

보통 당신이 이렇게 묻고 대답할 때 머릿속에 떠오르는 대답은 당신이 제일 좋아하는 변명이자 목표를 달성하지 못했을 때 가장 흔히 대는 핑계다.

어떤 상황에서든 당신이 먼저 할 일은 이런 제약 요소를 확인하고 그것을 완화하는 데 전념하는 것이다. 이런 사고와 행동 방식은 당신이 할 수 있는 거의 모든 행동보다 더 빨리 당신을 목표를 향해 데려다줄 수 있다.

80/20 법칙은 당신의 개인적 삶과 업무적 삶의 제약에 모두 적용된다. 당신의 가장 중요한 목표를 성취하지 못하게 막는 요소 중 무려 80%가 당신 내면이나 사업 내부에 있다. 단지 20%만이 당신과 당신 사업 외부에 있다.

당신이 제약 요소를 확인하고 제거하고자 한다면 반드시 이렇게 시작하라. 핵심 질문은 이것이다. "내 안에(또는 내 사업 안에) 목표를 성취하지 못하게 막는 요소는 무엇인가?"

사람들은 대부분 천성적으로 자신의 문제를 외부의 힘과 다른 사람 탓으로 돌리는 경향이 있다. 탁월하게 생각하는 사람들의 특징은 어떤 문제나 어려움이 닥쳐도 온전히 자신의 책임으로 받아들이고, 목표 성취의 속도를 제한하는 요소가 무엇인지 자기 내면을 들여다본다는 것이다.

가장 강력한 질문

창의력을 유도할 수 있는 가장 강력한 질문 중 하나는 "만약에 ~라면 어떻게 될까?"이다. 이 질문을 할 때마다 당신은 좁은 영역에서만 계속 생각하는 제한된 사고의 굴레를 벗고, 점점 더 많은 가능성으로 마음을 열 수 있다.

이 질문은 페덱스를 세계적인 기업으로 만든 획기적인 개념으로 여겨진다. 페덱스는 이런 질문으로 시작되었다. "전국 어디든지 하루 만에 편지가 도착한다면 어떻게 될까?"

페덱스의 회장 프레드 스미스는 예일대학교 재학 시절 이 아이디어를 학기 말 논문으로 제출했으나, 담당 교수는 현실성이 없다며 그에게 C 학점을 주었다. 당시 미국에서는 특급 우편이

187

배송지에 도착하는 데 3~5일 걸렸고, 가끔은 더 오래 걸리기도 했다. 당일 우편 배송 아이디어가 실현불가능해 보이는 것도 당연했다.

프레드 스미스와 페덱스 경영진은 '만약 ~라면 어떻게 될까?'라고 계속 질문하며 창의적인 아이디어를 개발해 목표를 달성했다. 더불어 세계에서 가장 크고 성공한 회사 중 하나로 도약할 수 있었다.

"휴대전화 화면에 키보드를 넣으면 어떻게 될까?"(애플. 지금 업계에서 세계 최대 회사다.)

"거의 모든 책을 이메일로 주문 받고 직접 집으로 배송하면 어떻게 될까?"(아마존닷컴. 마찬가지로 세계 최대 서적 판매회사다.)

"달에 사람을 보내서 안전하게 다시 지구로 데려오면 어떻게 될까?"(존 케네디)

케네디 대통령은 미국 항공우주 프로그램을 담당한 과학자 베르너 폰 브라운에게 이렇게 물었다. "달에 사람을 보내고 다시 안전하게 데려오려면 무엇이 필요합니까?" 그러자 브라운 박사가 웃으며 대답했다. "의지만 있으면 됩니다."

당신의 사업과 개인적 삶에 닥치는 어떤 상황에서든 성공에 가장 필요한 요건은 '의지'뿐이다.

혁신 과정

모든 성공한 사업과 성공한 경영진의 철학은 '지속적이고 무한한 발전'이다.

컴포트존에서 과감하게 벗어나겠다고 결심하라. 당신의 목표를 성취하고 앞으로 나아가기 위해 더 새롭고, 더 낫고, 더 빠르고, 비용이 덜 드는 방법을 꾸준히 찾아라. 당신이 신제품과 서비스, 방법이나 전략을 개발하거나 도입할 때는 반복해서 실패할 준비를 하라.

효과가 있으리라 기대했던 방법이 전혀 효과가 없을지도 모른다. 당신은 성공으로 가는 길 내내 좌절감, 역경, 방해, 일시적 실패를 겪을 것이다.

IBM의 설립자 토머스 왓슨은 어떻게 더 빨리 성공했는지를 질문 받은 적이 있었다. 그는 "더 빨리 성공하고 싶으면, 실패의 속도도 2배로 올려야 한다. 성공은 실패의 저 끝에 놓여 있다"라고 대답했다.

사실 실패란 없다. 피드백만 있을 뿐이다. 어려움은 당신을 막으려고 오는 것이 아니라 가르치려고 온다. 성공 비결의 절대원칙은 "시도하고 또 시도해라, 그리고 다르게 시도해라"이다.

문제를 해결하고 결정을 내리는 능력, 사업을 키우고 판매량을 늘리고 이윤을 증대시킬 창의적이고 혁신적 방법을 찾는 능력은 성공으로 가는 최고의 비결이다.

1. 오늘 당신이나 당신의 사업을 힘들게 하는 문제 하나를 골라 문제 해결의 체계적 방법을 동원해 점검하라. 당신의 미래가 바뀔 수도 있다.

2. 당신의 목표 하나를 골라 그 목표의 성취 속도를 늦추는 가장 큰 제한 요소가 무엇인지 찾아라. 이 제한 요소를 완화하려면 어떻게 해야 할까?

3. 당신이 제공하는 제품이나 서비스 하나를 골라서 그것을 고객에게 더 좋고 빠르게, 더 싸게 제공할 방법을 최대한 많이 개발하라.

09

◎

왜 똑같이 노력해도
다른 결과가 나올까

당신이 최선이라 생각하는 기준에 솔직해라. 최선은 높은 이상이다. 그보다 더 많이
일할 수 없을 때가 최선을 다할 때다.

—H. W. 드레서

누구나 경제적인 면에서 가장 높은 수준까지 도달하기를 바란다. 토머스 스탠리가 쓴 《이웃집 백만장자》를 보면 자수성가한 백만장자의 무려 80%가 기업인이다. 그들은 무엇인가를 생산해 사람들에게 팔면서 사업을 시작했고, 결국 자기 세대에 부를 이뤘다. 그들은 대부분의 시간 동안 기업가처럼 생각하고 행동했다.

2015년 〈포브스〉 3월호에는 전 세계에 1,826명의 억만장자가 있고, 그중 66%가 자수성가했다고 쓰여 있다. 그들은 빈손으로 사업을 시작했고, 사람들이 사고 싶고 기꺼이 돈을 낼 제품과 서비스를 창조하고 판매해서 밑바닥부터 부를 일궈냈다.

기업가의 생각은 항상 고객에게 초점을 맞추고, 계속 고객을 생각하는 것이다.

톰 피터스는 《초우량 기업의 조건》에서 성공한 기업의 가장 중요한 요건 중 하나로 '고객 서비스에 대한 집착'을 꼽았다.

얼마 전에 나는 자신의 부엌 식탁에서 시작한 사업을 20억 달러 규모의 회사로 키운 회장과 하루를 보냈다. 그에게 회사에서 자신을 어떤 지위로 여기느냐고 묻자 이렇게 대답했다. "영업 부문 최고경영자요. 그것이 사업을 시작했을 때 내 지위였고, 지금도 마찬가지입니다. 전 늘 매출을 생각합니다."

회사원의 생각은 기업가의 생각과 다르다. 직원, 매니저, 임원, 기술자 할 것 없이 회사원은 고객에게 무관심하거나 고객을 항상 불만이 많고 새롭거나 다른 것을 요구하는 골칫거리로 여긴다. 심지어 고객을 파리채로 때리고 쫓아버려야 하는 파리처럼 여긴다.

회사원의 생각을 하는 사람은 상사 비위를 맞추고 규칙을 따르면서 해고되지 않을 만큼만 일하느라 여념이 없다. 회사원의 생각을 하는 직원들은 회사와 담당자를 칭할 때 '그들을, 그들은, 그들의, 회사가'라는 대명사를 사용한다.

그들은 회사에 어떤 일이 생기든 자신과는 개인적으로 별 상관이 없다고 생각한다. "일은 일일 뿐이야"라고 말하기도 한다. 회사원의 생각을 하는 사람이 언젠가 내게 말했다. "저는 직장에 출근하면 일 생각을 하지만, 집에 오면 일이나 회사는 전혀 생각하지 않아요."

몰입의 결여

많은 연구가 크고 작은 회사의 직원 60% 이상이 '몰입이 결여되어 있다'고 말하고 있다. 그들은 회사에 열정적으로 헌신하지 않고, 충성을 보이지 않는다. 그저 다른 일을 해볼까 생각하면서 업무를 할 뿐이다. 그들은 규칙적으로 구인 광고를 확인하고, 크레이그리스트, 링크드인을 비롯한 다른 웹사이트에 자신의 이력서와 자격증을 올리며 계속 다른 직장을 찾는다.

회사원의 생각을 하는 사람은 출근 시간에 아슬아슬하게 도착해서, 커피 타임과 점심시간은 착실히 챙기며, 업무 시간의 50%를 동료들과 잡담하거나 이메일을 확인하고, 회사에 전혀 중요치 않거나 그다지 중요하지 않은 일을 하는 데 보낸다.

기업가의 생각을 하는 사람은 다르다. 그들은 회사의 성공에 헌신한다. 자신을 자영업자로 여기고 마치 자신이 사적으로 회사를 소유한 듯 행동한다.

그들은 자신의 회사와 회사의 제품이나 서비스를 언급할 때 '우리, 내 것, 우리의'라는 단어를 사용한다. 무엇보다도 그들은 결과에 대해 책임감을 무겁게 받아들이고 떠맡는다.

기업가의 생각을 하는 사람은 항상 자발적으로 더 많은 책임을 맡는다. 계속 더 많이 기여할 일을 생각한다. 자신의 기술을 꾸준히 업그레이드하고, 새로운 것을 배우며, 자신의 회사에 더 소중한 사람이 될 방법을 찾는다.

특히 기업가의 생각을 하는 사람은 회사의 매출과 이윤을 증가시킬 방법을 찾는다.

기업가의 생각은 고객 중심의 생각, 즉 고객에게 초점을 맞춘 생각이다. 그들은 항상 고객을 생각한다.

성공한 사업가는 보통 사람보다 훨씬 많은 것을 이루게 하는 특정한 자질이나 특징, 훈련법을 갖고 있다. 이러한 기업가적 생각의 자질을 개발하여 당신이 속한 조직에 더 크게 기여할 방법이 몇 가지 있다. 명료성, 몰입력, 집중력이라는 세 가지 비결을 기억하라.

기초적인 질문을 하라

당신이 향상, 지식과 기술, 경쟁 면에서 빠른 변화에 직면했다면 특히 묻고 답해야 할 기본적인 질문이 있다.

1. 당신은 실제로 어떤 사업을 하고 있는가?

당신의 '사업'을 정의하라. 당신이 어떻게 고객에게 제품을 제공하고 있는가? 당신의 제품이 고객의 삶과 일에 불러온 개선이나 변화는 무엇인가?

회사원의 생각을 하는 사람은 자신의 사업을 제품과 서비스를 생산해서 판매하는 조직으로 여긴다. 기업가의 생각을 하는 사람은 자신의 사업 업무를 고객의 삶의 질을 향상하고 풍요롭게 하는 일로 여긴다.

당신의 회사명, 제품이나 서비스를 언급하지 말고 그 제품이나 서비스가 고객의 삶에 불러온 긍정적인 변화나 개선은 무엇인지에 관해 당신의 사업을 정의해보라. 처음 시도할 때는 정말 힘들 것이다.

회사원의 생각을 하는 사람은 말한다. "저는 차를 팝니다."

기업가의 생각을 하는 사람은 말한다. "저는 고객들이 원하는 곳은 어디든 편안하고 안전하게 운전해서 갈 수 있게 합니다."

당신이 당신의 제품이나 서비스가 고객을 위해 하는 일, 해결하는 문제, 고객이 얻을 이익을 기준으로 설명하고 있는지는 저절로 알게 될 것이다. 당신이 그렇게 한다면 "어떻게 그런 일을 해내셨어요?"라거나 "그거 사고 싶어요!" 또는 "딱 저를 위한 제품이네요!"라는 응답을 불러올 것이기 때문이다.

2. 당신이 파는 제품에 완벽하게 들어맞는 이상적인 고객은 누구인가?

이 사람들이 당신의 제품이나 서비스가 주는 특별한 특징, 이익, 결과의 진가를 가장 잘 알아보고 높이 평가할 인구학적 고객 유형이다.

3. 당신이 생각한 이상적인 고객은 무엇을 가치 있게 여기는가?

당신이 제공할 수 있는 것 중에 가격이 중요치 않을 만큼 그들에게 중요한 것은 무엇인가?

사업이 실패하는 것은 그 제품에 대한 수요가 거의 없거나 전혀 없기 때문이다. 사람들은 그것을 가치 있게 여기지 않거나 원치 않고, 구매에 대한 관심도 아예 없다.

4. 당신이 특별히 잘하는 것은 무엇인가?

당신의 이상적인 고객이 원하고, 필요하고, 기꺼이 돈을 낼 제품이나 서비스와 관련해 당신이 경쟁자보다 탁월하고 우수한 분야는 무엇인가?

모든 회사와 제품, 서비스는 경쟁자를 제치고 시장에서 최선의 선택이, 더 나아가 '유일한' 선택이 될 수 있도록 경쟁 우위, 상대적 우위에 있어야 한다. 당신의 장점은 무엇인가? 무엇이 장점이 될 수 있을까?

"당신이 경쟁 우위에 있지 않다면, 경쟁하지 마라." 경쟁하는 모든 시장에서 자사 제품이 1, 2위에 있지 않으면 그 시장을 포기하고 다른 사업에 노력을 쏟아부었던 잭 웰치의 경영 원칙이다.

회사가 성공하려면 틈새시장을 지배해야 한다. 적어도 한 분야에서는 시장에 있는 소비자들에게 '최고'의 제품으로 인정받아야 한다.

5. 당신은 시장의 어떤 부분을 지배하고 있으며, 지배할 수 있는가?

무엇을 더 많이 하거나 더 적게 해야 하는가? 무엇을 시작하거나 무엇을 완전히 그만둬야 하는가?

잭 웰치의 고문이었던 피터 드러커도 비슷한 생각을 했다.

"당신이 분명한 경쟁 우위에 있지 않다면, 남들보다 탁월한 장점을 계발해라."

기업가적 생각의 핵심은 경쟁적 시장에서 중요한 경쟁 우위를 개발하고 유지하는 데 있다.

당신의 비즈니스 모델

오늘날 기업가의 관심은 비즈니스 모델에 점점 더 많이 초점을 맞추고 있다. 비즈니스 모델이란 당신의 회사가 수익은 많고 비용은 적게 드는 방식으로 점점 더 많은 고객에게 당신의 제품이나 서비스를 생산하고, 팔고, 운송하는 복합적 전략이다.

당신의 비즈니스 모델은 무엇인가?

제프리 콜빈은 〈포춘〉에서 대부분이라고는 할 수 없지만 많은 기업이 아직도 부분적으로 또는 완전히 쓸모없어진 오래된 비즈니스 모델을 사용하고 있다고 했다.

그렇다면 당신이 사업에 올바른 비즈니스 모델을 사용하고 있는지 어떻게 알 수 있을까? 가장 쉬운 평가 기준은 당신의 매출과 수익이 예측대로 꾸준히 성장하고 있는가이다.

매출이 들쑥날쑥하게 불규칙하거나 제자리걸음을 하거나 심지어 감소하고 있다면 당신이 사용하는 비즈니스 모델이 효과가 없다는 뜻이다. 그럴 때 비즈니스 모델을 바꾸지 않는다면 끝은 불을 보듯 훤하다.

비즈니스 모델의 필수 요소

기업가의 생각을 하려면 꾸준히 당신이 사용하는 비즈니스 모델의 필수 요소를 검토하고 평가해야 한다.

1. 당신의 제품은 어떤 가치를 제공하는가?

고객을 위해 무엇을 하는가? 어떤 문제를 해결하는가? 제품이 갖다 주는 이익은 무엇인가? 어떤 불편함을 덜어주는가? 당신의 고객이 얻는 가치는 무엇인가? 특히 제품이 주는 주된 이익은 고객에게 얼마나 중요한가?

이 질문에 정확히 묻고 대답하는 능력이 사업의 미래를 크게 좌우할 것이다.

2. 당신의 고객은 누구인가?

당신이 제공하는 제품이나 서비스에서 가장 많은 이익을 얻을 고객은 누구인가? 인구통계학적 대상은 누구인가? 고객의 나이, 소득, 교육 수준, 성별, 직업, 가족 구성 유형은 무엇인가?

고객의 희망과 꿈, 두려움, 야망과 바람은 당신이 파는 제품과 어떤 관련이 있는가?

고객은 당신의 제품이나 서비스를 어떻게 사용하는가? 고객의 삶이나 일에서 당신의 제품이 하는 역할은 무엇인가? 다른 것들과 비교해 그것은 얼마나 고객에게 중요한가?

3. 당신이 제품을 시장에 내놓고(새 고객을 끌어들이고), 판매하고(고객을 구매자로 바꾸고), 유통할(당신의 제품을 고객의 손에 안겨줄) 가장 효과적인 방법은 무엇인가?

당신은 어떻게 돈을 더 잘 쓰는 고객을 더 많이 끌어들일 수 있는가? 당신이 끌어들인 잠재 고객에게 어떻게 하면 더 빨리 더 효과적으로 팔 수 있는가? 당신의 제품을 어떻게 더 빨리 더 효율적으로 유통할 수 있는가?

당신이 오늘 하는 일이 무엇이든, 현재 시장에 그대로 남아 있으려면 앞으로 1년 후에는 훨씬 더 나아져야 한다.

4. 당신 제품에 만족한 고객이 재구매를 하고, 남들에게도 당신의 제품을 사라고 추천하게 하려면 어떻게 고객 서비스를 제공해야 하는가?

5. 당신 사업의 비용 구조는 어떠하며, 더 큰 이윤을 올리기 위해 어떻게 바꿀 수 있는가?

제품의 질을 똑같이 높은 수준으로 유지하면서 운영비를 줄이려면 어떤 활동을 아웃소싱하거나 축소하거나 혹은 제거해야 하는가?

계속 질문하라

어떤 사업에서든 기업가는 항상 이런 비판적 요소를 생각한다. 그들은 자신이 틀릴 가능성과 결과를 얻어낼 더 나은 방법이 있을 가능성을 항상 기꺼이 받아들인다.

기업가들은 모든 분야에서 꾸준히 제로베이스 사고를 한다. 그들은 묻는다. "우리가 하는 일 중에서, 지금 알고 있는 것을 안다면 오늘은 시작하지 않거나 다시 시작할 일이 있을까?"

기업가는 누가 옳은가보다 무엇이 옳은가에 더 관심이 많다. 자존심은 그들에게 중요치 않다. 기업가는 "내가 틀릴 수도 있다"라고 기꺼이 인정한다. 기업가는 "내가 실수했다"라고 솔직히 인정하며, 허세를 부리거나 고함을 치거나 발뺌하거나 문제가 저절로 없어지기를 바라지 않고 가능한 한 빨리 실수를 바로잡으려 분주히 노력한다.

새로운 정보를 얻으면 기업가는 기꺼이 "마음을 바꿨습니다"라고 말한다. 그들은 정보가 무엇이든 더 좋은 결과를 얻기 위해 새로운 아이디어와 방법을 빨리 수용한다.

기업가의 생각을 하려면 당신은 항상 고객을 생각해야 한다. 당신은 고객에게 제공할 새롭고, 다르고, 더 좋고, 빠르고, 비용이 덜 드는 방법을 찾아 고객이 정말로 원하고 필요한 것을 점점 더 많이 주어야 한다. 회사원처럼이 아닌 기업가처럼 생각하는 능력은 다른 어떤 요소보다도 당신이 직장생활에서 잠재력을 펼칠 수 있게 도와줄 것이다. 심지어 당신을 부자로 만들어줄지도 모른다.

1. 당신이 생각하는 완벽한 고객을 분명하게 정의하라. 어떻게 경쟁자보다 더 좋은 서비스를 고객에게 제공할 것인가?

2. 당신의 제품이나 서비스를 경쟁자보다 우수하게 만들 한두 가지 특징, 즉 당신이 제공할 가치를 결정하라.

3. 현재 매출과 이윤을 창출하는 방법이 최선이고 가장 효율적인 방법인지 확인하기 위해 당신의 비즈니스 모델을 점검하라.

10

◎

우린 생각한 대로 행동하고,
믿는 대로 생각한다

생각은 모든 부와 성공, 물질적 이익, 위대한 발견과 발명, 모든 업적의 근원이다.
—클로드 브리스톨

오늘날 성공할 기회와 부를 얻을 방법은 과거 어느 때보다도 많다. 점점 더 많은 사람이 전보다 다양한 산업에서 더 많은 사업을 시작하고 있다. 그들은 더 다양한 지식과 정보, 기술을 가지고 사람들이 원하고 필요하고 기꺼이 돈을 낼 제품이나 서비스를 더 많이 만들어내고 있다. 새로운 아이디어 하나만 있으면 당신은 성공을 거머쥘 수 있다.

경제가 발전하고 성장한 지 거의 200년 후인 1900년에는 백만장자가 5,000명이었다. 1980년에는 백만장자가 미국에서만 100만 명이었다. 2015년에 백만장자는 1,000만 명이 넘고 억만장자는 1,865명이나 되는데, 그들 대부분이 빈손으로 사업을 시작해 자기 대에서 거대한 부를 이뤘다.

그러니 당연히 당신도 그렇게 될 수 있다.

안에 있는 대로 밖으로 표현된다

'상응의 법칙'은 어떤 환경에서든 누구에게나 적용된다. 이 법칙은 당신의 외면은 당신의 내면 세계를 반영한 모습이라고 말한다. 모든 것이 안에서 밖으로 이동한다. 당신이 먼저 내면에서 이루지 못하면 밖에서 어떤 것도 이룰 수 없다. 겉으로 부유해지려면, 내면에서 부자처럼 생각해야 한다. 다른 방법은 없다.

실패한 사람은 실패한 사람처럼 생각한다. 그들은 머뭇거리며 스스로 시도조차 하지 못하게 억누르는 자기 제한적 믿음이 있다. 몇 년 전에 완성된 '1억 명의 백만장자'라는 제목의 연구에서 저자들은 당신이 직장생활을 하는 내내 매달 100달러를 저축하고 투자해서 복리로 돈을 불리면 은퇴할 때쯤에는 그 돈이 100만 달러에 이를 것임을 입증했다. 그런데 왜 모두 이렇게 하지 않을까? 실패한 사람의 사고방식 때문이다!

토니 로빈스는 2014년 《머니》에서 "복리는 우주에서 가장 강력한 힘이다"라는 아인슈타인의 말을 강조했다.

세계 최고 부자 50인을 폭넓게 인터뷰한 로빈스는 그들 대부분이 적은 돈을 규칙적으로 투자하기 시작해서 복리의 기적에 힘입어 결국 경제적 독립을 이룰 수 있었다고 결론지었다. 이 간단한 방법은 어느 시대건 항상 누구에게나 효과가 있었다. 그러니 당신에게도 효과가 있을 것이다.

당신의 생각을 다시 프로그래밍하라

몇 년 전, 나는 전국에서 모인 사업가들로 구성된 큰 단체로부터 '자수성가한 백만장자들'이란 주제로 강연을 해달라는 요청을 받았다. 초청을 받고 나는 진지하게 생각해보았다. 그리고 이 생각이 내 인생을 바꿨다.

10대 때부터 내 야망은 서른 살까지 백만장자가 되는 것이었다. 서른 살이 되고도 여전히 무일푼이던 나는 서른다섯까지 목표를 미뤘다. 서른다섯이 되자 또 마흔까지 미뤘지만, 그 마법의 숫자를 이루리라는 희망은 점점 줄어들었다.

자수성가한 백만장자를 주제로 강연해달라는 부탁을 받았을 때, 나는 그들에 관해 아는 바가 거의 없다는 사실을 깨달았다. 그래서 나는 백만장자는 어떤 사람들이고, 빈털터리에서 자기 세대에 100만 달러를 벌기까지 무엇을 했는지 조사하는 데 골몰했다.

이 연구 결과를 통해 나는 '혼자 힘으로 성공한 사람들의 21가지 비밀'이라는 프로그램을 개발했고, 여러 해에 걸쳐 50개국 100만 명에게 제공했다. 흥미로운 사실은 내가 자수성가한 백만장자들이 생각하고 행동하는 방식을 연구하고 가르칠 때, 나도 그 원칙을 자신에게 적용하기 시작했다는 것이다. 그래서 5년만에 나는 백만장자가 되었다.

전 세계 많은 사람이 이 프로그램을 듣고 또 들으며 그 가르침을 실천한 결과 가난과 싸우던 세월을 딛고 일어나 결국 백만장자가 되었다고 내게 말해주었다. 그러므로 당신도 할 수 있다.

이 장에서 나는 백만장자들의 삶과 습관에 관한 광범위한 연구를 바탕으로 당신이 배우고 적용할 수 있는 일련의 간단한 아이디어를 공유할 생각이다.

인과의 법칙에 의하면, 당신이 그들과 똑같이 생각하고 행동한다면, 그들과 같은 결과를 얻을 것이라 한다.

베스트셀러 작가 오그 만디노는 내게 이렇게 말했다. "성공의 비결이란 없습니다. 그저 인류 역사를 통해 발견되고 재발견된 불변의 진리와 보편적 원칙이 있을 뿐이죠. 당신이 바라는 성공을 누리려면 그것을 배우고 실천에 옮기면 됩니다."

내가 마법의 100만 달러라는 숫자를 달성했을 때, 주변을 둘러보며 이렇게 묻기 시작했다. "왜 부자가 되는 이 간단한 원칙을 모두 따르지 않는 걸까요?"

연구를 계속하면서 나는 사람들이 성공하지 못하는 일곱 가지 이유를 발견했다. 이제 차례로 하나하나 살펴보자.

1. 자신이 성공하리라고 절대 생각하지 않는다

사람들은 자기가 성공할 것이라고 절대 생각하지 않는다. 양육 과정과 어린 시절 환경, 즉 주변에 보고 배울 사람이 없기 때문에 그들은 다른 백만장자들이 해낸 것처럼 자신도 성공할 수 있다는 생각은 전혀 하지 않는다.

2. 절대 결심하지 않는다

사람들은 성공하겠다고 절대 결심하지 않는다. 많은 사람이 돈이 많으면 삶이 어떻게 달라질지 꿈꾸고 그리면서 그렇게 되길 바라고 희망한다. 주변에 자신보다 더 잘사는 사람들을 부러워하고 존경한다. 그러면서 항상 돈 걱정을 한다.

하지만 성공하겠다는 단호한 결심, 죽기 아니면 살기의 각오는 하지 않는다. 그래서 첫걸음조차도 떼지 못한다. 사람들은 부를 창출하는 기술을 배우지 않는다. 자기 일에서 더 가치 있는 사람이 되기 위한 기술과 지식을 업그레이드하지 않는다. 성공은 단지 '행운'의 문제고, 자신들은 운이 없다고 말하며 자신의 상황을 합리화하고 변명한다.

3. 할 일을 미룬다

자신도 성공할 수 있다고 생각하고, 성공하겠다고 결심했더라도 사람들은 절대 시작하지 않는다. 할 일을 미루기만 한다. '언젠가는 ~할 거야'라는 멋진 환상의 세계로 도망간다.

"언젠가는 돈을 다 쓰지 않고 저축할 거야."

"언젠가는 내 지식과 기술을 업그레이드할 거야."

"언젠가는 더 열심히 일해서 더 가치 있는 사람이 될 거야."

"언젠가는 빚을 다 갚을 거야."

결국 "언젠가는 할 거야"라는 말만 하다 일생을 마친다.

성공의 가장 큰 비결 중 하나는 환상의 세계를 떠나는 것이다. 이제 그만 변명하고 앞으로 나아가라.

4. 실패를 두려워한다

어린 시절에 받은 비난과 성인이 된 후 저지른 잘못 때문에 사람들은 실수할까 봐 또는 시간이나 돈을 잃을까 봐 두려워 아무것도 하지 못한다. 기회를 받아도 어쩔 줄을 모른다.

실패에 대한 두려움 때문에 사람들은 행동하지 않을 온갖 이유를 만들어낸다. 시간이 없다. 투자를 최대한으로 할 수 없다. 필요한 지식과 기술이 없다. 헤드라이트 앞에서 얼어붙은 사슴처럼 그들은 실패할까 두려워서 어떤 행동도 취하지 않는다.

공교롭게도 미국에서 대부분의 부는 개인 서비스의 판매로 시작되었다. 사람들은 돈이 없었지만, 열심히 일할 능력, 자신의 기술을 업그레이드해서 점점 더 가치 있는 사람이 될 능력이 있었다. 그 결과 점점 더 많은 기회의 문이 그들에게 열렸다.

5. 비난과 반감을 두려워한다

자신이 경제적으로 성공하겠다는 목표를 세우면 주변 사람들이 비웃고 비난할 거라고 생각하는 사람들이 많다. 남들이 어깨 너머로 바라보면서 자신이 저지른 실수에 고소한 표정을 지으며 지적할 것이라 생각한다. 그래서 남들이 못마땅해할까 두려운 나머지 종종 아무것도 하려 하지 않는다.

여기 해결책이 있다. 결심했다면 아무에게도 말하지 마라. 비밀로 지켜라. 은밀하게 목표를 향해 노력하고, 나중에 당신의 삶이 나아지는 것을 보고 남들이 어떻게 했느냐 묻거든 그때 말하라.

6. 배우고 성장하기를 멈춘다

전에 성취하지 못했던 것을 성취하려면 지금까지 해본 적 없는 것들을 배우고 실행해야 한다. 경제적 성공으로 가는 사다리는 지식과 기술이다. 빈손으로 시작해서 경제적으로 성공하려면 자신을 직장에서 가치 있고 꼭 필요한 사람으로 만들 새로운 기술을 완전히 새로 배우고, 개발하고, 실행해야 한다.

당신이 공부해서 스스로 준비되어 있으면 보편적 원리에 의해 새로운 기술을 활용할 기회를 반드시 얻게 될 것이다. 하지만 애초에 기술을 개발하고 평생 꾸준히 갈고 닦는 일은 당신에게 달렸다.

7. 끈기가 부족하다

사람들은 대부분 성공할 만큼 오래 일을 지속하지 못한다. 성공한 사람들은 자신이 성공한 주된 이유가 그만두지 않아서라고 말한다. 그들은 상황이 힘들어질 때도 포기하지 않았다. 성공한 사람들은 몇 년이고 집요하게 계속하고, 심지어 완전히 파산해 경제적으로 몰락하기 직전에도 포기하지 않았다. 절대 멈추지 않았다.

얼마나 많은 사람이 자신의 삶이 엄청난 성공으로 바뀔 중요한 전환점을 불과 몇 발짝 남겨둔 시점에서 포기하고 그만두는지 모른다. 끈기와 투지는 당신이 모든 경제적 목표를 성취할 수 있음을 보증하는 결정적 요소다.

제한 요소를 극복하는 법

다행스럽게도 경제적 성공을 가로막는 이런 제한 요소는 학습과 연습으로 극복할 수 있다. 이런 장애물들은 성공한 사람들이 생각하는 방식대로 생각하는 법을 배운다면 성공으로 가는 디딤돌로 바뀔 수 있다.

상응의 법칙은 불변의 정신적 법칙이다. 어떤 상황과 환경에 처해 있든, 누구에게나 적용된다. 그것은 피할 수 없고, 거의 완전히 예측가능하다.

부의 축적과 관련해서 이 법칙은 당신이 내면에 지니고 있는 생각, 감정, 믿음, 아이디어에 상응하여 겉으로도 행동할 것이라고 말한다. 당신이 내면에서 진정으로 믿고 있는 방식과 똑같이 겉으로 행동한다면 곧 같은 믿음을 가진 다른 사람들과 같은 결과와 결실을 얻게 될 것이다.

심리학자들은 이것을 '자아개념'이라 부르는데, 이는 20세기 인간 잠재력 개발 분야에서 가장 큰 발전으로 여긴다. 자아개념은 당신이 생각하는 방식과 자신에 관한 믿음을 통틀어 말한다. 당신은 무엇이든 자신의 자아개념과 늘 일치하게 행동한다. 그리고 당신은 사람들이 일상생활에서 무엇을 하는지를 보면 그들이 무엇을 생각하고 느끼고 믿는지를 항상 알 수 있다.

겉으로 드러나는 성과와 결과의 개선은 모두 자아개념의 개선으로 시작된다. 당신이 내면에서 자신을 긍정적이고 건설적으로 여기고, 경제적으로 성공할 방법을 생각한다면 생각이 결국 현실이 될 때까지 당신은 겉으로도 그 믿음과 일치하게 행동하기 시작한다.

부유한 가정에서 자란 아이들은, 특히 사업을 시작하고 열심히 일해 자기 세대에 성공한 부모들 밑에서 자란 아이들은 성인이 되었을 때 성공하고 부자가 될 확률이 더 높다. 자라면서 성공과 부의 믿음과 생활방식에 둘러싸여 그런 믿음이 자기도 모르게 주입되었기 때문이다. 그들은 자라며 다른 누구도 아닌 자신에게만 기대하고 목표를 성취하기 전까지는 어떤 것도 받아들이지 않는다.

자아개념을 위한 습관과 행동

자아개념을 개선하려면 성공한 사람들의 습관과 행동을 여러

해 동안 접하고 거기에 몰입해야 한다. 하지만 가끔은 영향력 있는 사람을 세미나나 책에서, 또는 동영상으로 딱 한 번 접한 후 강한 인상을 받기도 한다. 그래서 그 후로 영원히 자신을 그 사람처럼 언젠가는 경제적으로 성공할 사람으로 여기기도 한다.

동영상 하나를 보고 또는 세미나에 한 번 참석한 후 성공한 사람은 많다. 여러 사례를 통해 보건대, 사람들은 책 한 권에 포함된 아이디어와 격려의 문구를 읽고 새로운 방향으로 출발해서 가끔은 불과 몇 년 만에도 성과를 낸다.

성공한 기업가들은 사람들이 원하고 필요하고 기꺼이 돈을 낼 제품과 서비스를 개발해서 부를 창출할 수 있다는 사실을 발견했다. 이런 식의 부의 생산과 습득을 보호하기 위해 법률 시스템이 생겨났고, 그로 인해 시장 체계를 받아들인 나라는 다른 나라들보다 부유해졌다.

그들은 부의 창조를 위해 독창적이면서 우수한 정신과 재능을 쏟아부을 수 있었다. 인류 역사상 처음으로 '돈을 번다'는 표현이 인기를 끌었고 대중적 표현으로 받아들여졌다. 사람들은 인류 역사상 가장 위대한 기업 시스템, 부를 창조하는 시스템에 뛰어들 기회를 찾아 전 세계를 옮겨 다녔고, 지금도 다니고 있다.

새로운 방식

《푼돈에 매달리는 남자, 큰돈을 굴리는 남자》의 저자 스티브 시볼드는 "돈을 많이 벌고 싶다면, 많은 사람이 겪는 큰 고민을 찾아서 새로운 방식으로 해결하라"고 말했다.

이것은 당신이 부를 창조할 비결이기도 하다. 그리고 사람들이 원하고 필요하고 기꺼이 돈을 낼 것을 남들에게 제공하지 않고는 진정으로 부자가 될 방법이 없다. 비결은 수요를 찾아서 그것을 채우는 것이다.

간단히 말해서 성공한 사람들에게는 성공의 습관이 있고, 실패한 사람들에게는 실패의 습관이 있다. 자수성가한 위대한 백만장자인 메리 케이 애시는 판매자들에게 이렇게 말하면서 동기를 부여했다.

"토끼의 습관을 들이지 말고, 밍크처럼 생각해라."

성공한 사람들은 삶의 모든 면에서 밍크처럼 생각한다.

30대에 여전히 무일푼으로 힘겹게 살아가고 있을 때, 열심히 일은 하지만 발전이 거의 없던 그 시절, 나는 지역 대학에 있는 경영자 MBA 프로그램에 등록했다. 어느 날 저녁, 수업을 들으러 학교에 도착했을 때, 지역에서 잘 알려진 성공한 기업인이 은

회색 450SEL 메르세데스 벤츠를 내 차 옆에 세웠다. 나는 낡은 볼보에서 내려 그 자리에 서서 그 차를 빤히 바라보고 있었다. 그 사람은 나와 내 차를 보고는 다시 자기 차를 돌아봤다. 그러고는 미소를 지으며 손을 흔들었고 수업을 받으러 들어갔다.

그 순간 나는 저렇게 크고 멋지고 비싼 메르세데스 벤츠를 몰 수 있을 만큼 성공하기 위해 무엇이든 하겠노라고 결심했다. 차 안을 들여다봤더니 파란색 가죽 시트가 보였고, 나는 걸어가면서 그것을 마음에 새겼다.

그 순간부터 나는 성공한 사람처럼 생각하기 시작했다. 그들의 습관과 행동에 관한 책을 하루에 두세 시간씩 읽었다. 직업을 바꿨고, 다음에는 더 좋은 직업으로 바꿨다. 나는 책임을 더 많이 떠맡으며 위로 올라갔다. 남들보다 오래, 가끔은 하루에 12시간씩 일해서 회사가 점점 더 많은 돈을 벌게 해주고, 그중 일부를 보너스와 이윤 분배의 형태로 받았다.

36개월 후 나는 메르세데스 벤츠 대리점에 들어가서 내 차를 계약하고 돈을 지급한 다음 파란색 가죽 시트가 장착된 은회색 450SEL 메르세데스 벤츠를 몰고 나왔다. 내 인생에서 가장 멋진 순간 중 하나였다.

당신이 성공하기 위해서는, 먼저 성공한 사람들처럼 생각하고 행동하는 습관이 몸에 배어야 한다. 중요한 것은 백만장자가 되는 것이 아니다. 백만장자가 되기 위해서는 그런 부류의 사람이 되어야 한다는 것이 훨씬 더 중요하다. 그러면 당신이 돈을 모두 잃더라도, 이제는 어떻게 돈을 버는지 아는 사람이 되었으므로 다시 벌어 되찾을 수 있기 때문이다.

영화 제작자이자 엘리자베스 테일러의 남편이었던 마이크 토드는 초대형 영화 제작에 돈을 모두 투자해서 파산했다. 그 소식이 신문에 실리자, 많은 '친구'가 뒤에서 그를 비웃었다.

그들 중 하나가 그에게 물었다.

"가난해진 기분이 어때?"

마이크 토드는 이제는 명언이 된 말로 품위 있게 대답했다.

"난 가난해진 게 아니라 그저 파산한 거야. 가난해진다는 건 마음가짐의 문제지. 파산은 일시적 상황일 뿐이라네."

그 후 그는 다음 영화 제작에 들어갔고, 그 영화가 성공을 거두며 2년 후 다시 부자가 되었다.

생각의 차이가 결과를 바꾼다

우주의 위대한 법칙인 인과의 법칙은 당신이 성공한 사람처럼 생각하고 행동하면 당신도 곧 성공할 것이고, 그렇지 않으면 실패할 것이라고 말한다.

자연은 중립이다. 자연은 눈가리개를 한 정의의 여신과 같다. 자연은 편애하지 않는다. 괴테의 말처럼, 자연은 장난을 이해하지 못한다. 대자연은 항상 진실하고, 진지하며, 엄격하다. 자연은 항상 옳고, 실수와 잘못은 항상 인간의 몫이다. 자연은 자연을 고마워하지 않는 사람을 경멸하고, 총명하고 순수하며 진실한 사람에게만 순응하여 자신의 비밀을 드러낸다.

다행스럽게도 당신의 마음은 우주에서 당신이 완전히 통제할 수 있는 유일한 것이므로, 거기서부터 시작하면 된다.

기꺼이 투자한다 vs 공짜를 바란다

성공한 사람들은 가치를 창출할 방법, 제품과 서비스를 개발하고 생산해 다른 사람들의 삶과 일을 개선하고 풍요롭게 할 방법을 늘 찾는다.

그들은 결과를 가져가기 전에 항상 기꺼이 투자한다. 그들은 돈을 쉽게 번다거나 거저먹을 수 있다고 생각하지 않는다. 그들은 당신이 원하는 부와 보상을 얻으려면 당연히 노고를 아끼지 않아야 한다고 믿는다.

실패한 사람들은 당신이 투자한 것과 얻는 것의 직접적 관계를 이해하지 못한다. 그들은 항상 공짜를 바라거나 가능한 한 적게 투자해서 무엇인가를 얻으려 한다. 그들은 성취 없이 성공을 원하고, 노동 없이 부를 원하며, 노력 없이 돈을 바라고, 재능 없이 명예를 원한다.

그들은 그냥 유명해지고 부자가 될 수 있다고 생각하면서 수백, 수천 명과 함께 오디션 프로그램에 줄을 선다. 자신의 재능과 능력을 경쟁자들보다 돋보일 수준까지 끌어올리기 위해서는 대가를 치러야 한다는 생각은 하지 않는다.

성공의 핵심 비결 중 하나는 당신이 받는 돈보다 항상 더 많이 노력하는 것이다. 당신이 그렇게 한다면, 지금 받는 돈보다 항상 더 많이 받을 것이다. 다른 방법은 없다.

한층 더 노력하라. 당신이 얻는 것보다 훨씬 많이 기꺼이 투자하라. 남들보다 더 나아가는 길에는 어떤 걸림돌도 없을 것이다.

새로운 습관을 개발하라

당신이 하는 일의 무려 95%가 당신의 습관에 의해 결정되는데, 처음에는 생각, 그다음에는 행동으로 결정된다.

성공한 사람들에게는 행복하고, 생산적이며, 경제적으로 성공한 삶을 이끄는 좋은 습관이 있다. 실패한 사람들은 정반대의 삶으로 이끄는 나쁜 습관이 있거나, 아예 습관이 없다.

다행스럽게도 모든 습관은 연습과 반복으로 배울 수 있다. 당신은 스스로 정한 목표를 성취하기 위해 배워야 할 습관이나 기술은 무엇이든 배울 수 있다.

정말로 필요한 질문이 하나 있다면 바로 이것이다.

"당신은 얼마나 간절히 성공을 원하는가?"

사람들은 성공의 차이를 결정하는 것이 무엇인지 여러 해 동안 연구하고 대조하고 비교했다. 결론은 당신이 좋은 가족, 훌륭한 교육, 이상적인 인간관계와 기회 등 모든 이점을 갖고 삶을 시작하더라도 성공에 필요한 정신적 습관이 없으면 그 이점들이 아무 소용이 없다는 것이다.

그러나 당신은 아무런 이점 없이도 시작할 수 있다. 훌륭한 습관만 있으면 혼자 힘으로 훌륭한 삶을 만들어갈 수 있다.

습관을 바꾸는 7단계 전략

습관은 간단한 7단계 전략으로 발달한다.

첫째, 한 번에 하나의 습관만 들이려고 노력하라. 여러 가지 좋은 습관을 한 번에 들이려고 한다면, 결국 하나도 제대로 몸에 배지 않는다. 인내심을 가져라. "급할수록 돌아가라."

새로운 습관을 들이는 데 약 20~30일이 걸리므로, 실제로 당신은 성공을 위한 새로운 습관을 한 달에 하나씩, 1년에 열두 개 몸에 익힐 수 있다. 이것이면 충분하다.

예를 들어, 성공한 사람들의 대부분은 첫 약속이 있기 무려 3시간 전인 아침 6시 전에 일어난다. 그들은 매일 반복하는 일과가 있다. 일어나서 먼저 운동을 하고, 옷을 입고, 하루를 계획하며 준비한다.

그들은 무엇이든 읽고 배우며 정리한다. 그들은 보통 사람이 출근해서 첫 번째 커피를 마시기도 훨씬 전에 대개 직장에 와 있다. 이것이 당신이 당장 몸에 배게 노력해야 할 첫 번째 습관이다. 이 습관으로 당신의 삶이 바뀔지도 모른다.

둘째, 새로운 자료를 입력하라. 당신이 익히면 도움이 될 습관이 무엇인지 정하라. 당신이 생각하고 행동하고픈 새로운 방식을 분명히 하라. 이 새로운 습관을 곰곰이 생각하라.

예를 들어, 부자들은 대부분의 시간을 부의 창출에 대해 생각하는 것으로 보낸다. 그들은 끊임없이 주변을 살피며 사람들이 현재와 미래에 원하고 필요할 제품과 서비스를 제공해서 돈을 더 많이 벌 기회를 찾는다. 부자들은 계속 수익 창출을 생각한다. 당신도 똑같이 하면 된다.

셋째, 당신이 이미 이 습관을 익혔다고 자신에게 확언하라. 자신에게 반복해서 말하라. "나는 어디에 있든 돈을 벌 기회가 보여." 자신에게 말하고 스스로 믿는 말이 강력한 힘을 지닌다.

돈을 벌 수 있는 정보를 계속 모으고 읽고 배우고 공부하라. 빈손으로 시작해서 경제적으로 성공한 사람들의 인터뷰와 사연을 읽어라. 어떻게 하면 당신도 똑같이 할 수 있을지 생각하라.

넷째, 당신이 이 새로운 습관을 실행하고 있는 모습을 상상하라. 명심해야 할 것이 있다. "눈에 보이는 사람이 당신의 모습이 될 것이다."

당신이 특정한 방식으로 행동하는 자신을 머릿속에 그리기 시작하면, 업무 성과도 개선되기 시작한다. 당신은 항상 머릿속에서 일하는 당신 모습 그대로 밖에서도 일할 것이다.

매일 아침 6시에 일어나서 즉시 하루를 시작하는 모습을 머릿속에 그려라. 얼마나 많은 부자가 매일 아침 4시나 5시에 일어나 30~60분간 유산소 운동을 하면서 하루를 시작하는지 알면 놀랄 것이다. 한 달간 매일 이렇게 한다면, 당신도 곧 머리가 맑고 정신이 초롱초롱하며 온종일 에너지가 넘치는 기분에 긍정적으로 중독되었음을 알게 될 것이다.

다섯 번째, 이 새로운 습관이 이미 몸에 밴 것처럼 행동하라. 경제적으로 성공한 사람들에게 보이는 위대한 변화는 '가역성의 법칙' 덕분이다. 이 법칙은 당신이 특정한 방식으로 느끼거나 자신을 특정한 부류의 사람이라고 믿으면 자연스럽게 특정한 방식대로 행동하게 된다고 말한다. 하지만 당신이 성공한 사람이라고 느끼거나 생각하지 않고 일을 시작하면 어떻게 되겠는가?

하버드대학교의 윌리엄 제임스는 이렇게 지적했다. "당신이 바라는 습관을 아직 갖고 있지 않다면, 모든 면에서 이 습관을 이미 가진 것처럼 행동해야 한다. 그러면 그 행동 자체가 곧 실제 믿음을 만들어낼 것이다."

성공한 사람들은 보통 전날 밤에 미리 하루를 계획한다. 그들은 자기 일에서 우선순위를 정해서 다른 어떤 것보다 가장 중요한 일을 먼저 시작한다.

당신도 내일부터 똑같이 하면 된다.

당신이 하루를 계획하고 준비할 때, '이것이 그들이 하는 방식이야'라고 생각하라. 즉시 그것은 습관이 되어 당신의 일과 중 영원히 변치 않을 부분으로 자리 잡을 것이다.

여섯 번째, 예외를 허용하지 마라. 일단 당신이 습관을 들이기로 했으면, 새로운 습관이 영구적으로 자리 잡을 때까지 절대 약해지지 마라. 도움이 되지 않는 행동을 합리화하지 마라. 당신이 결심한 바를 지키지 못했을 때 정당화하거나 변명하지 마라. 변명은 실패한 사람들의 방식이다.

일곱 번째, 당신이 '말에서 떨어졌다'면 당장 다시 올라타라. 가끔 오래된 습관으로 빠져들 때면, 즉시 자신을 다잡고 당신이 익히기로 한 새 습관과 일치하는 행동을 하려 노력하라.

일시적 실수를 털어버리고 자신에게 "다음번에는 더 잘할 거야"라고 말한 후 다시 시작하라. 한 번에 또는 처음 몇 번 만에 제대로 하리라고 기대하지 마라. 인내심을 갖고 끈기 있게 노력하라.

좋은 습관을 만들어라

좋은 습관은 몸에 익히기는 어렵지만 유지하며 살기는 쉽다. 반대로 나쁜 습관은 몸에 익히기는 쉽지만 지니고 살기는 힘들다. 따라서 당신은 좋은 습관을 만들어 그것이 당신의 주인이 되게 해야 한다.

새로운 습관은 처음에는 연습하고 배우기 힘들지만, 얼마 되지 않아 저절로 몸에 배어 쉬워진다. 따라서 곧 새로운 습관을 실천하기가 예전에 일하던 방식으로 되돌아가기보다 쉬워진다.

당신은 성공한 사람들이 실천하는 실제 습관 몇 가지를 익힐 수 있다. 예를 들어, 〈포브스〉에 실린 2015년 자수성가한 백만장자들의 설문조사에 따르면 그들의 성공 요인 중 무려 76%가 '근면과 자기 훈련'이었다. 그들은 일찍 일어나서 하루를 오전 7시나 8시에 시작했고, 오후 6시나 7시까지 계속 일했다.

당신이 좋아하는 일을 하라

당신이 즐기고, 마음이 끌리며, 에너지를 얻고, 행복해지는 일을 하라. 대부분의 백만장자는 살면서 하루도 일한 적이 없다고 말한다. 그들은 그저 하고 싶은 일을 하고 그 대가로 돈을 두둑

이 받았을 뿐이다. 당신도 똑같이 해야 한다. 당신이 좋아하는 일을 하는 것이 비결이다.

백만장자들은 열심히 일하고 자기 훈련을 할 뿐 아니라, 시간을 낭비하지 않는다. 그들은 어떤 사업 분야에 있든 경쟁자들보다 더 좋고, 더 빠르고, 더 값싼 물건을 고객에게 제공해서 수익을 창출할 궁리를 끊임없이 한다.

그들은 계속 자신에게 묻는다.

"내 목표를 성취하기 위해 내 시간을 가장 가치 있게 쓰고 있는가?"

분명한 목표를 세워라

대부분의 백만장자는 매우 목표지향적이다. 그들에게는 항상 생각하고 연구하는 중요하고 분명한 큰 목표가 있는데, 기업에서는 이를 BHAG(Big Hairy Audacious Goal, 크고 대담하며 도전적인 목표)라고 부른다.

당신의 목표는 무엇인가?

백만장자들은 목표마다 기준을, 특히 경제적 기준을 세우고 마감기한도 세운다.

백만장자들은 검소하고, 돈에 관해 신중하다. 그들은 결정을 내리기 전에 투자나 비용의 세부적인 사항을 꼼꼼히 조사한다.
돈을 벌기를 좋아하지만, 잃기는 싫어한다.

돈을 버는 것은 핀으로 모래를 파는 것과 같고, 돈을 잃는 것
은 모래에 물을 붓는 것과 같다. 백만장자들은 부의 축적에, 돈
을 벌고 점점 더 많이 불리는 데 초점을 맞춘다.

시간을 잘 사용하라

백만장자들은 매우 생산적이고, 자신의 시간을 잘 사용한다.
그들은 하루하루를 미리 계획한다. 분명한 우선순위를 정해서
시간을 관리한다. 그들은 매분, 매시간 자신의 시간을 가장 가치
있게 사용하는 데 초점을 맞추고 집중한다.

실패한 사람들은 치밀한 계획 없이 일에 몸을 던져 결국 엄
청난 시간을 낭비하고, 성공을 거두기도 훨씬 전에 지치고 낙
담한다.

당신이 배울 수 있는 가장 소중한 기술은 당신이 바라는 시간
당 급여나 수입을 계산하는 것이다. 성공한 사람들의 연간 평균
근무 시간인 2,000시간을 당신이 바라는 연간 소득으로 나눠라.
당신의 목표가 1년에 10만 달러라면 그것을 2,000으로 나누면

시간당 50달러가 나온다.

그때부터 매일, 매분, 매시간 당신이 하는 일이 원하는 시급 이상을 벌어주고 있는지 자신에게 물어라. 만약 그렇지 않다면, 당장 그 일을 그만둬야 한다. 그 일을 위임하거나, 아웃소싱하거나, 아예 없애야 한다. 당신은 벌기로 한 돈을 벌어들이지 않는 일은 어떤 것도 하지 말아야 한다.

그냥 'NO'라고 말해라

레이건 대통령의 영부인 낸시 레이건은 약물 중독에 관한 청소년 공익광고에서 "그냥 'NO'라고 말하세요!"라고 말했다. 시간을 최고로 가치 있게 사용하지 않는 일과 당신이 원하는 수익을 내지 못하는 일은 무엇이든 'NO'라고 말해라.

워런 버핏은 최근 성공 비결에 대해 질문받자마자 대답했다. "저는 모든 것에 'NO'라고 말했을 뿐입니다."

실리콘밸리의 억만장자 벤처캐피탈리스트인 존 도어에게는 전담 직원이 한 명 있다. 그 직원이 하는 일은 회사가 수천만 달러를 벌어들일 수 있는 일, 존 도어만이 할 수 있는 몇 가지 일을 제외한 다른 모든 일에 'NO'라고 말하는 것이다.

계속 배우고 성장하라

백만장자들은 항상 새로운 아이디어를 배운다. 그들은 하루에 두세 시간씩 읽고, 배우고, 듣는다. 그들은 경영서와 기사의 요약본을 구독해서 읽고 듣는다. 중요한 아이디어 하나가 자신이 이미 알고 있는 지식과 결합하면 사업의 미래를 바꾸고 심지어 부를 가져다줄 수도 있다는 사실을 안다. 그들은 어딘가에 올바른 아이디어가 있다고 확신하고, 가능한 모든 자료를 동원해 그것을 꾸준히 찾는다.

TV의 덫에 걸려들지 마라

성공한 사람들은 TV를 하루에 1시간도 채 보지 않는다. 실패한 사람들은 하루에 5~8시간씩 TV를 보며, 너무 피곤해서 더는 볼 수 없을 정도가 되어야 잠자리에 들고, 아침에 일어나서는 TV를 켜는 것으로 하루를 시작한다.

TV는 멋진 노예일 수 있지만 끔찍한 주인이 되기도 한다. TV는 당신을 부자로 만들기도, 가난하게 만들기도 한다. 당신이 TV를 꺼둔다면 부자가 될 것이다. 당신이 앉아서 몇 시간이고 TV를 본다면 가난해질 것이다.

최근 연구에서는 TV를 가족 활동의 중심에서 점점 멀어지게 할수록 점점 더 부자가 되어간다는 사실을 발견했다. 가장 부유한 사람들은 실제로 TV를 보려면 자리에서 일어나 계단을 내려가서 다시 자리에 앉도록 했다. 이렇게 TV시청을 가능한 한 어렵게 만들었고, 심지어 TV를 완전히 없애버리기도 했다.

모든 일을 궁금해하라

성공한 사람들의 다른 습관은 질문을 많이 하고 대답을 주의 깊게 듣는다는 것이다. 중간관리자와 중산층 소득자들은 말을 많이 하고 남들이 하는 말에는 주의를 거의 기울이지 않는 것 같다.

그들은 질문을 많이 하고, 잘 들으며, 심지어 필기도 한다. 성공에 다가서고 더 많은 돈을 버는 데 유용한 아이디어는 누구나 생각해낼 수 있음을 잘 알기 때문이다.

건강과 에너지를 유지하라

성공한 사람들은 신체 건강을 잘 관리한다. 그들은 더 오래, 더 건강하게, 더 나은 삶을 살려면 어떻게 해야 하는지 잘 알고 있다.

성공하려면, 더 오래 일하려면, 남들보다 일찍 하루를 시작해서 늦게까지 일하려면 많은 에너지가 필요하다. 그래서 그들은 에너지 수치를 높일 방법을 계속 찾는다.

한 전문가는 사업의 가장 중요한 자산은 경영진이 생각하는 시간의 양에 달려 있다고 말했다. 생각은 가장 중요한 정신적 자산이다. 그렇다면 당신은 어떻게 더 많은 에너지를 얻을 수 있을까?

1. 적절한 체중

그래서 적절한 체중이 매우 중요하다. 과체중은 수많은 건강 문제와 관련 있다. 과체중이 불러온 건강 문제 중 하나가 과도한 체중이 당신의 몸을 짓눌러 당신이 바라는 성공을 성취하는 데 사용할 에너지를 소모한다는 것이다.

체중 감소를 위한 규칙은 '덜 먹고 더 운동하는 것'이다. 부자들은 영양가 있는 음식을 먹고 물을 많이 마신다. 따라서 그들은 더 많은 에너지를 얻고, 특히 더 좋은 결과를 내고 돈을 더 많이 버는 데 집중할 정신적 에너지를 더 많이 얻을 수 있다.

2. 적절한 휴식

플로리다주립대학교의 심리학자 앤더스 에릭손에 따르면 업무를 월등히 잘하는 사람들은 하룻밤 평균 8.46시간을 잔다고 한다. 그는 최고의 성과를 내려면 열심히 일해야 하고, 그러려면 많은 에너지가 필요하다는 것을 발견했다.

당신이 매일 밤 5~7시간밖에 자지 못한다면 하루 중 어느 때건 최선을 다해 일할 수 없다. 당신의 몸을 온전히 쉬게 하고, 다음 날을 위해 두뇌를 미리 충전하려면 매일 밤 적어도 8~9시간은 자야 한다.

3. 적절한 운동

성공한 사람들은 일주일에 평균 200분 이상, 하루에 약 30분 이상 운동한다. 그들은 매일 아침 일어나서 운동한다. 이동할 때 더 자주 걷고, 엘리베이터보다는 계단을 더 자주 이용하며, 항상 몸을 움직일 기회를 찾는다.

누군가 "몸에 있는 모든 관절은 매일매일 충분히 풀어줘야 한다"라고 말했다. 그 충고를 따라 나는 오랫동안 개인 운동 프로그램을 실천하고 있다.

계산된 위험 감수

그들은 더 크게 성공하기 위해 기꺼이 위험을 감수한다. 하지

235

만 도박을 하거나 운에 맡기지는 않는다. 그들은 더 높은 수익을 좇아서 '위험 회피'라는 특별한 방식을 실행한다. 그들은 모든 출처에서 점점 더 많은 정보를 모아 새롭거나 다른 것들에 내재하기 마련인 위험을 줄인다.

그들은 컴포트존에서 기꺼이 벗어나 더 큰 경제적 보상을 얻는 데 필요한 것이라면 무엇이든 새롭고 다른 것들에 손을 뻗는다. 새롭고 다른 방식으로 부를 창출하기 위해 자신의 지능과 자원을 적용할 기회를 계속 찾는다.

그들은 전문가와 함께 일하고, 자신의 투자를 신중하게 감독해서 투자 위험을 줄인다. 일단 돈을 벌면, 결단코 그것을 지켜낸다.

네트워크 형성

성공한 사람들은 꾸준히 네트워크를 형성한다. 자신이 도울 수 있고 자신을 도와줄 사람들과의 관계를 넓히는 방법을 늘 찾는다. 하지만 금융왕 로스차일드의 말도 기억해야 한다. "불필요한 사람을 사귀지 마라."

그들은 자신의 삶에 아무 도움이 되지 않을 사람과는 시간을 보내지 않는다. 그들은 지역 사회와 자신의 업계에서 가장 성공한 사람들을 찾아내 그들과 시간을 더 많이 보낼 방법을 모색하고 비난하고, 나무라고, 불평하는 부정적인 사람들을 멀리한다. 만약 삶이나 직장에 관해 투덜거리는 사람을 발견하면, 정중하게 양해를 구하고 자리를 뜬다.

당신의 미래에는 한계가 없다

아마도 성공한 사람들의 가장 중요한 자질은 뛰어난 성과를 내고, 그들이 하는 가장 중요한 일을 점점 더 잘하도록 초점을 맞춰 집중하는 능력이다.

결국, 당신이 몸담은 특정한 분야에서 가장 일을 잘한다고 인정받는 사람, 즉 '믿고 맡기는 사람'이라는 명성을 얻는 것이 삶에 가장 큰 도움이 될 것이다.

회사가 할 수 있는 최고의 투자가 고객들이 원하고 필요한 방향으로 제품이나 서비스의 질을 개선하는 것이듯, 성공을 위한 최고의 투자는 자신의 분야에서 점점 더 나아지도록 하는 것이다.

지금처럼 점점 더 많은 사람이 돈을 더 많이 벌고, 자신의 경제적 목표를 빨리 이룰 수 있었던 적은 없었다. 하지만 동기부여 전문가 얼 나이팅게일은 이렇게 말했다. "당신이 남들과 다른 것을 더 많이 갖기 전에, 당신부터 남들과 다르고 더 나은 사람이 되어야 한다.”

'간접적인 노력의 법칙'에 따르면, 당신이 성공한 사람들의 사고방식을 익히고 그들이 매일 하는 행동을 따라 하는 데 온전히 집중한다면, 외면과 내면 모두에서 곧 위대한 성취를 이룬 것이다.

1. 오늘 성공한 사람처럼 생각하고 행동하겠다고 결심하라. 이 장에 있는 아이디어를 연습하라. 엄청나게 성공한 사람들에 관한 책과 사연, 인터뷰를 읽고 그들이 하는 그대로 하라.

2. 성공한 사람들의 사고방식과 자아개념을 익히는 데 도움이 된다고 생각하는 습관 하나를 골라 그것이 저절로 몸에 배고 편해질 때까지 매일 실천하라.

3. 성공한 사람들의 생활방식이나 행동 하나를 골라서 당신의 생활방식에도 포함하라. 지금 당장 시작하라.

성공은 우연이 아니다
실패 또한 우연이 아니다

성공은 우연이 아니다.

실패 또한 우연이 아니다.

당신이 지금 있는 위치와 당신의 현재 모습은 당신 자신, 당신의 사고와 행동 때문이다.

당신의 미래가 어떤 부분에서 더 나아지길 바란다면, 이 책에 설명한 지침을 따라 당신의 생각부터 바꾸고 개선해야 한다. 새로운 선택을 하고 더 나은 결정을 해야 한다.

다행히도 현재 당신의 모든 것은 학습과 연습의 결과로 어린 시절부터 배운 것이다. 당신은 언제든지 새로운 아이디어를 배우고 새로운 행동을 실천해 다른 결과를 얻겠다고 마음먹을 수 있다.